实用新闻评论
案例教程

主　编 ◎ 周　媛　景　熹　冉红庆
副主编 ◎ 杨　莉　唐时顺　唐泰茂

西南交通大学出版社
·成　都·

图书在版编目（CIP）数据

实用新闻评论案例教程 / 周媛，景熹，冉红庆主编.
成都：西南交通大学出版社，2024.8. -- ISBN 978-7
-5643-9947-4

Ⅰ.G210

中国国家版本馆 CIP 数据核字第 2024VN5280 号

Shiyong Xinwen Pinglun Anli Jiaocheng
实用新闻评论案例教程

主　编 / 周　媛　景　熹　冉红庆	策划编辑 / 郑丽娟
	责任编辑 / 居碧娟
	封面设计 / 墨创文化

西南交通大学出版社出版发行
（四川省成都市金牛区二环路北一段 111 号西南交通大学创新大厦 21 楼　610031）
营销部电话：028-87600564　　028-87600533
网址：http://www.xnjdcbs.com
印刷：成都蜀通印务有限责任公司

成品尺寸　185 mm×260 mm
印张　10.5　字数　253 千
版次　2024 年 8 月第 1 版　　印次　2024 年 8 月第 1 次

书号　ISBN 978-7-5643-9947-4
定价　39.80 元

课件咨询电话：028-81435775
图书如有印装质量问题　本社负责退换
版权所有　盗版必究　举报电话：028-87600562

前言

当前，中国正处于社会转型期，社会物质文化与精神文化不断发展的同时，社会的思想也更加多元化。新闻评论作为当代公民表达的重要手段，有利于促进社会平稳发展，弘扬社会主义核心价值观。

媒介融合时代，万物皆媒，人人皆具话语权、表达权。随着信息技术的不断发展，新闻传播更快捷，信息与思想交流的渠道和空间得以拓展，阐述观点比陈述现实更容易，人类进入"贩卖"思想的时代。随着社会化媒体成为公众获取信息的主要方式，加上"信息茧房"的加持，人们更容易被"志同道合"的声音所影响。在此背景下，新闻评论在公共议程设置中担负的功能更为明显——向社会提供更为权威的信息和判断，做好价值引领，调解社会转型中的矛盾。

面对新的舆论环境，新闻评论实践必须转型和跨界，但在拥抱变化的同时还应坚守基本的价值观，在守正中找到新的平衡点。本书正是在这样的背景下完成的。

作为一线教师，本书编写团队在近年来的教学中发现，目前市面上关于新闻评论的教材中不乏名师大家的真知灼见、理论研究，但对于初学者来说，缺少有针对性的案例教材。本书正是为新闻评论的初学者准备的。通过本书的案例学习和分析，初学者可以快速掌握新闻评论的写作技巧，从而独立完成评论写作。

本书分为六个章节，其中第一章、第二章为理论部分，第三至六章为实践部分，分别针对新闻评论实践中的论点、论据、论证三要素展开。

第一章 新闻评论的界定。本章主要分析新闻评论的定义、基本特征和社会功能，再对新闻评论与新闻报道、深度报道和理论性文章进行较为全方位的比较，揭示新闻评论的本质与文体特征，为后面的学习打下坚实基础。

第二章 媒介融合时代新闻评论的坚守与改变。本章分析在媒介融合时代，新闻评论面临哪些新的挑战、该坚守哪些底线，同时讲解新媒体时代应如何塑造新闻评论能力。

第三章 新闻评论的选题及立论。本章围绕新闻评论的选题展开，结合新媒体新闻评论选题的价值判断进行分析，结合案例讨论如何抓住好选题以及如何有效地进行新闻评论立论。

第四章 新闻评论的论据。本章主要分析新闻评论中的事实运用，讲解论据的基本要求，配合案例分析新闻评论论据的具体使用。

第五章 新闻评论的论证过程。本章主要分析新闻评论论证的定义，进一步解释论证与形式逻辑的关系。此外，本章重点讲解常见的评论论证方式和论证错误，为初学者提供简单、实用的参考。

第六章 新闻评论谋篇布局。本章围绕新闻评论写作展开，结合案例进行分析，帮助学习者迅速掌握新闻评论谋篇布局技巧。

新闻评论能力的提升既离不开大量的实践，又离不开案例的积累。在教学实践中，编写团队发现，许多学生虽然能够阅读大量案例，但不会分析，更不会在应用中举一反三。因此，本教材在撰写中特别注重对案例的分析与应用。

从教学规律来看，"05 后"逐渐成为教育教学的主要对象，未来的新闻评论学习者会更加年轻、富有个性，因此本书在案例选择上不仅挑选优质媒体的经典案例，而且选择一些新生代评论。此外，在案例选题上也偏向于民生化、轻量化的选题，尽最大可能降低学习者的阅读成本。

本教材为重庆外语外事学院校级教学团队"'教、训、赛'融合式融媒体人才培养模式创新教学团队"成果。教材编写团队成员为重庆外语外事学院国际传媒学院周媛副教授（第二、三章）、景熹副教授（第一、五章）、冉红庆副教授（第四、六章），均有多年"新闻评论"课程一线教学经验。杨莉副教授与唐时顺副教授皆为本课程授课教师，在日常教学中承担了课程实训基地建设工作，同时也为本书提供了较为丰富的案例支撑，并做了相关资源整合工作。

最后，感谢华侨大学新闻与传播学院新闻与传播专业 2021 级硕士研究生唐泰茂对本书做出的贡献。

生活需要理性，新闻评论一定不会缺席。

本书编者
2023 年 4 月

目录

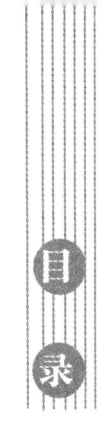

第一章 新闻评论的界定 ·· 001
第一节 新闻评论的基本定义 ·· 002
第二节 新闻评论与新闻报道的比较 ···································· 004
第三节 新闻评论与深度报道的区别 ···································· 009
第四节 新闻评论与理论文章的区别 ···································· 023
第五节 当代新闻评论的特点 ·· 029
第六节 新闻评论的社会功能 ·· 047

第二章 媒介融合时代新闻评论的坚守与改变 ···················· 058
第一节 泛媒时代新闻评论面临的挑战 ································ 060
第二节 新闻评论的坚守：打通两个舆论场 守住价值观底线 ········ 067
第三节 新闻评论学习的能力塑造 ······································ 073

第三章 新闻评论的选题及立论 ······································ 075
第一节 新闻评论选题的价值判断 ······································ 077
第二节 抓住有价值的评论选题 ··· 082
第三节 新闻评论的立论 ·· 092

第四章 新闻评论的论据 ··· 101
第一节 新闻评论中的事实运用 ··· 103
第二节 论据的基本要求 ·· 107
第三节 新闻评论论据的使用 ·· 113

第五章　新闻评论的论证过程……………………………………… 120
　　第一节　什么是论证…………………………………………… 121
　　第二节　论证与形式逻辑的关系……………………………… 124

第六章　新闻评论谋篇布局……………………………………… 137
　　第一节　谋篇布局的基本要求………………………………… 138
　　第二节　立论和驳论的结构形式……………………………… 140
　　第三节　谋篇布局的主要方式………………………………… 152

参考文献……………………………………………………………… 162

第一章

新闻评论的界定

本章学习要点

1. 当代新闻评论的特点
2. 新闻评论与新闻报道的异同

第一节　新闻评论的基本定义

新闻评论是就当前或最近报道的新闻,或者虽未见诸报端但确有新闻价值的事实,所发表的具有政治倾向的,以广大读者为对象的评论文章。

——范荣康

案例导入

居民公寓成网红景点,别让打卡变打扰
2021 年 6 月 7 日　光明论　熊志

每天的傍晚时刻,是上海复兴西路上"长枪短炮"聚集的高峰,不少摄影爱好者和游客来此打卡"老上海"。在良友公寓前徘徊了一会,看到有住户开门,胆大点的尝试尾随进入,住户方某每次看到都会出声制止,有时反被呛"这里是过道,又不是你家"。方某说,觉得自己像生活在一个巨大的摄影棚里,这样的困扰其实不只有她存在。比如就在前不久,上海武康路的一幢"蝴蝶结阳台"民居,因为走红网络而引来众人打卡,最终居住在此的老奶奶被人接走,网红蝴蝶结也被取下。

在流量效应的加持下,一些具有特色的建筑民居,经过传播而成为网红景点,吸引游客和摄影爱好者前来打卡,这在今天已经是一种很常见的现象。像报道提到的良友公寓,历史悠久,有着老上海的建筑风格,还获批"优秀历史建筑"。对城市来说,它是见证了发展进程的一笔宝贵财产;而且,像建筑的外立面,都是开放的城市公共景观,人们到此打卡,拍照留念,完全可以理解。但从报道来看,这种长枪短炮式的围观拍摄,似乎早已模糊了公域、私域的界限,对居住在此的民众而言,打卡已经变成了实实在在的打扰。

比如,为了深入装有门禁的公寓内部,达到最佳拍摄效果,一些拍摄者尾随在公寓居民后面混入,更有甚者伪装成送外卖的人员。而公寓内公共区域的窗子也被拍摄者破坏,供维修人员用的扶梯,则变成了拍照的固定场地……

作为历史悠久的老建筑,这个公寓原本就居住了很多老年人,但闹中取静的生活,在人流如织的拍摄打卡中,变得异常闹腾。宁静的生活被打扰、被围观,居民们的隐私难以得到保障。

面对居民的制止提醒,有的拍摄者反呛道,"这是在过道,又不是在你家"。这种辩解之词完全站不住脚。公寓内部的公共空间,哪怕不是某户居民独有,那也不等于可以面向所有人开放，既然小区有禁止陌生人入内的提示，那么擅闯拍照就毫无合理性可言。

拍摄者可以在建筑外面拍照，但从产权的角度看，公寓内部的空间，那就是全体居民的共有领地，未经同意不得乱闯，这是最基本的常识。一些拍摄者眼里只有自己，只顾拍出大片，完全不考虑一窝蜂式地围观拍照，对居民造成的骚扰，说白了就是一种自私的心态。

而且要提醒的是，扰乱他人生活秩序，不仅仅是不文明，严重者可能会触犯法律——《治安管理处罚法》规定，扰乱他人生活秩序的，公安机关可以采取警告、处罚，严重的甚至可以采取行政拘留的措施。

在当前的传播环境下，一些建筑、景点一旦打上网红的标签，极易引发蜂拥而至的人流。各路网友对网红景点的热情可以理解，但无论如何，打卡不能变成打扰，拍照留念也得遵守公域和私域的界限，扰得他人不得安宁，绝不是拍照打卡的正确姿势。

关于新闻评论的定义，专业人士有不少概括，可以说是"百花齐放、百家争鸣"。从以下几种定义中，我们多多少少能了解到新闻评论的内涵：

中国台湾报人林大椿在《新闻评论学》一书中说："新闻为事实的客观记载，评论为基于事实而发表的意见。"

1996年3月出版的《中国新闻实用大辞典》表述为"新闻媒体或作者个人就新近发生的事件、当前社会生活中存在的现象或思想倾向、公众普遍关注的问题等阐述自己观点、立场的新闻文体"。

刘根生认为："新闻评论是新闻传播工具对当前重大问题和典型新闻事件进行批评论说的议论文，是新闻媒体上社论、评论员文章、短评、编后、专栏评论、述评多种评论形式的总称。"

曾从事过媒体工作的新闻评论学者马少华在《新闻评论教程》中对新闻评论做了这样的表述："新闻评论是新闻体裁中的重要一类，它表达人们对新闻事件的判断、对由新闻引发的各类社会问题的思考。"

姚文华在《新闻知识》中说："新闻评论，是报纸、广播等新闻舆论工具，就当前重大问题、新闻事件发议论、作解释、提批评、谈意见、发号召的一种文字体裁，属于论说文的范畴。"

丁法章在《新闻评论教程》中认为："新闻评论，是媒体编辑部或作者对最近发生的有价值的新闻事件和有普遍意义的紧迫问题发议论、讲道理，有着鲜明针对性和引导性的一种新闻文体……属于议论文的范畴。"

当前新闻传播事业正处于复杂多变时期，要站在历史和未来相结合的高度，真正全面客观地把握新闻评论的内涵和外延。以上学者的说法各有道理，通过归纳，我们可将新闻评论定义为：新闻评论，是媒体编辑部或作者对最新发生的有价值的新闻事件和有普遍意义的紧迫问题发议论、讲道理，有着鲜明针对性和引导性的一种新闻文体，是现代新闻传播工具经常采用的社论、评论、评论员文章、短评、编者按、专栏评论和述评等的总称，属于论说文范畴。

简言之，新闻评论是基于事实发表的意见，即用事实说话的呈现。"基于事实"说的是新闻评论必须向受众"摆事实"；"意见"指的是新闻评论必须"讲道理"，而且是用事实来讲道理；"呈现"则体现出当代新闻评论的多种形式，如文字评论、音频评论和视频、短视频评论等。

借助以上几种说法，我们现在来分析一下，最普遍意义上的"新闻评论"是由几个因素构成：新闻、事实、论述或评论。简略地说，新闻评论是对新闻事实所进行的评论。这里的关键词是"新闻事实"，那么是指哪些新闻事实呢？在这里，我们采用苏州大学杨新敏老师在"时评之道"论坛中的相关说法：新闻事实是指那些对接受主体而言有价值的事件，或者说，是能受到大众重视，或为大众所喜闻乐见，并能在实践中产生较大影响和作用的事件。

出于对新闻事实的不同把握，我们在此有必要分辨清楚新闻评论与新闻报道之间的关系。

第二节　新闻评论与新闻报道的比较

新闻评论是针对现实生活中新近发生的、具有普遍意义的新闻事件和迫切需要解决的问题而发议论、讲道理，直接发表意见的文体……是报刊、通讯社、广播、电视、网络等新闻媒介的评论文章（或节目）的总称。

——胡文龙、秦珪、涂光晋

案例导入

"孔乙己的长衫"不必脱，到寺庙"上香"又如何？
2023年3月24日　红辣椒评论　陆玄同

近来的舆论场上，有两个热点新闻，直指当下年轻人的生存现状和他们的心理困境。

一则是央视发文直指当下流行的"孔乙己文学"："学历不但是敲门砖，也是我下不来的高台，更是孔乙己脱不下的长衫"；另一则是有旅行平台表示，2月以来90后、00后到寺庙"上香"的比例占比接近50%。

前者指向部分年轻人放不下读书人的架子，不愿意靠劳动改变自身的处境。后者则说明，年轻人热衷以这种"仪式感"去寻求某种心灵慰藉。其实不管是"孔乙己的长衫"，还是年轻人涌入寺庙"上香"，都投射出年轻人"卷不动躺不平"的现实、"高不成低不就"的尴尬。

"唯有读书高"遭遇现实打击，巨大的心理落差和不适感可想而知。但话说回来，年轻人在意的真的是那件"长衫"吗，并不是。在如此激烈和严峻的就业市场里，年轻人只不过是以微弱力量，诉说与命运与现实斗争的倔强和不屈。他们并不是如孔乙己般固执和麻木，他们只是不甘又无奈。从求学的"仰天大笑出门去"，到毕业后的"拔剑四顾心茫然"，附着于他们身上的各种枷锁，又岂止是一件"长衫"？教育的、社会的无形雕琢，年轻人已然不能做自己了。

一边是心底里的挣扎，一边是表面上的"佛系"。揆诸现实，当下的年轻人，哪个不是嘴上喊着要"躺平"，实际加班到凌晨。说出来的或许只是无力改变的"吐槽"，实际行动才代表他们对生存的态度。再者，到寺庙"上香"并非求佛，也可能是寻求精神寄托，或者一种回归本源的体验。

不管年轻人做出何种选择，只要不违法，就不应该过分苛责。人生之事，不如意者十之八九，他们需要时间去思考、转变、适应。"高不成低不就"是一种暂时的姿态，不是长久的选择。执拗过后，总能有属于他们的生活方式。而"上香"亦不过是漫长征途上的停靠，不必上纲上线，也不需过分解读。

把"孔乙己的长衫"说得多么不堪，把逛寺庙解读为"不上课不上进只上香"都大可不必。梦想谁都有，谁又不想奋斗？高高在上的喊话和批判毫无意义，只会招来反感。年轻人的路，终究是要自己走，引导他们不走歪路不走邪路，给他们倦怠的身体和迷茫的心灵一个舒缓释然的窗口和支柱，比嘲讽他们"脱不掉长衫"，揶揄他们"不求上进求上香"更有价值，也更有意义。

关注他们的无助和沮丧，理解他们的迷茫和"佛系"，别熄灭他们心底的火焰，也别小看他们奋斗生存的意志。年轻的生活是多姿多彩的，它们呈现的状态未必都是伟光正的。但不管何种面孔，都有其真实的一面，都有无可奈何的理由。多些善意吧，那些揪住"长衫"不放的，又何尝不是一种自以为是的偏执，那些批评"不奋斗只上香"的，难道不是"坐井观天"的夸夸其谈？

可以说，新闻评论在形式和内容上都不同于新闻报道，新闻评论之所以会产生、存在和发展，是因为人们不仅需要通过新闻媒体了解新闻事实本身，也需要通过新闻媒体了解新闻事实的意义、其产生的原因及发展方向。

2021年7月1日，中国共产党成立一百周年，这是普天同庆的百年盛事。这一天，各家新闻媒体上都刊播大量消息、通讯、特写、画面、图片等。这些新闻报道按照新闻五要素的要求，如实反映了建党百年这一重大政治事件，形象生动地展示了中国共产党百年不屈的奋斗历程，给人们以"知"，至于这一重大事件所蕴涵含的本质，以及由此还可以引申出哪些方面的意义，则留给受众去做思考、得结论。6月28日《人民日报》任仲平文章《百年辉煌，砥砺初心向复兴——写在中国共产党成立100周年之际》，则以建党百年这一重大事件为由，深刻揭示其本质意义，表达"以百年为奋斗新起点，勿忘昨天的苦难辉煌，无愧今天的使命担当，不负明天的伟大梦想，强体魄于伟大的自我革命，开新局于伟大的社会革命，我们所开创并矢志推进的伟大事业，必将和天地并存、与日月同光"这一深刻思想。

案例

百年辉煌，砥砺初心向复兴
——写在中国共产党成立100周年之际（节选）
2021年6月28日　《人民日报》　任仲平

（一）

广袤的中国大地上，一处处红色坐标，见证中国共产党壮阔的世纪征程——

上海兴业路、浙江嘉兴南湖，此间曾著星星火，到处皆闻殷殷雷。"我们党的全部历史都是从中共一大开启的，我们走得再远都不能忘记来时的路。"

河北平山西柏坡、北京香山，吹响进军号角，为新中国奠基。"历史充分证明，中国共产党和中国人民不仅善于打破一个旧世界，而且善于建设一个新世界。"

广东深圳，开山炮巨响犹在，拓荒牛砥砺前行。"改革开放是我们党的历史上一次伟大觉醒，正是这个伟大觉醒孕育了新时期从理论到实践的伟大创造。"

中国国家博物馆《复兴之路》展览，回顾中华民族的昨天，展示中华民族的今天，宣示中华民族的明天。"实现中华民族伟大复兴是一项光荣而艰巨的事业，需要一代又一代中国人共同为之努力。"

回望百年风云激荡，习近平总书记深刻指出："在百年接续奋斗中，党团结带领人民开辟了伟大道路，建立了伟大功业，铸就了伟大精神，积累了宝贵经验，创造了中华民族发展史、人类社会进步史上令人刮目相看的奇迹。"

山雄有脊，房固因梁。1921—2021，从石库门到天安门，从小小红船到巍巍巨轮，一百年前的红色火种，在革命、建设、改革的道路上已成燎原之势，照亮中华民族伟大复兴的光明前景。

一世纪风雨兼程,九万里风鹏正举。站在"两个一百年"的历史交汇点,习近平总书记话语铿锵——

"中国共产党立志于中华民族千秋伟业,百年恰是风华正茂!"

"只要我们党始终站在时代潮流最前列、站在攻坚克难最前沿、站在最广大人民之中,就必将永远立于不败之地!"

这是百年非凡征程的精辟概括,更是新时代中国共产党人开辟未来的壮志雄心。

如同参天巨树,新芽岁岁破枝、枝干年年伸展,百年接续奋斗展开了中华民族伟大复兴的年轮,从昨天走向今天,从历史走向未来。

…………

(八)

瞻仰全新开放的中共一大纪念馆,回望秀水泱泱的嘉兴南湖,重走赣水闽山的蜿蜒小道,登上沟壑纵横的黄土高原,感受春风正劲的经济特区,来到拔节生长的雄安新区……建党百年之际,党史学习教育正在全党扎实开展。历经苦难辉煌的过去、迎来日新月异的现在、展望光明宏大的未来,9100多万名中国共产党党员精神振奋、朝气蓬勃,立志开创属于我们这一代人的历史伟业。

7月1日,庆祝中国共产党成立100周年大会将隆重举行,向世界宣示我们党在新起点上继往开来、继续前进的坚定决心。

百转千回,百炼成钢,百年风华正茂;千山万水,千磨万击,千秋伟业在胸。击鼓催征,奋楫扬帆,习近平总书记的话语响彻耳畔:

"我将无我,不负人民。"——领导亿万人民在新时代创造新的历史辉煌,我们初心不改、使命在肩。

"胸怀千秋伟业,恰是百年风华。"——奋进全面建设社会主义现代化国家新征程,我们意气风发、斗志昂扬。

"征途漫漫,惟有奋斗。"——朝着实现中华民族伟大复兴的伟大梦想,我们昂首阔步、一往无前。

以百年为奋斗新起点,勿忘昨天的苦难辉煌,无愧今天的使命担当,不负明天的伟大梦想,强体魄于伟大的自我革命,开新局于伟大的社会革命,我们所开创并矢志推进的伟大事业,必将和天地并存、与日月同光。

新闻是指"对新近事实的报道",新闻报道强调新闻价值,即时新性、重要性、显著性、接近性和趣味性,写作以叙述为主。因此,将以议论为主的新闻评论同以叙述为主的新闻报道作比较,可以发现它们在内容、写作目的和表达方式上大相径庭。

一、反映内容

新闻报道旨在向受众传播新的信息，提供新闻事件的事实真相，力求反映客观事实，用事实说话，当然，也体现一定的思想倾向。新闻报道的事实主要给受众以"知"，至于事件本身的实质何在、由此还可以引申出哪些意义以及对社会有何影响等更深层的内涵则留给受众去思考。新闻评论则以新闻提供的事实为出发点，深入挖掘事实表象背后的本质所在，然后进行分析说理，由点到面、由表及里，深刻揭示事实所蕴含的意义，直接阐明作者对事实或问题的评价和看法及反映传播意图。《百年辉煌，砥砺初心向复兴》社论贯穿全文的"根"就是一个"情"字——真挚的爱党、爱国、爱人民之情。文章最后一连三个排比句："'我将无我，不负人民。'——领导亿万人民在新时代创造新的历史辉煌，我们初心不改、使命在肩。""'胸怀千秋伟业，恰是百年风华。'——奋进全面建设社会主义现代化国家新征程，我们意气风发、斗志昂扬。""'征途漫漫，惟有奋斗。'——朝着实现中华民族伟大复兴的伟大梦想，我们昂首阔步、一往无前。"抒发中国共产党带领中国人民不负时代，朝着实现中华民族伟大复兴的伟大梦想前进的决心与气魄。全文自始至终洋溢着的爱党、爱国和爱民情感，读来荡气回肠，使人感慨万千，这就是新闻评论给人以"感"和"悟"的魅力所在。

二、写作目的

新闻报道是以传播新闻信息为主，由此在社会上形成舆论。它在满足受众新闻需求的同时，发挥宣传政策、表彰先进、传播知识、激浊扬清等作用。新闻评论则旨在使新闻内在的思想得以引申、提高与升华，直接阐明主张与思想观点，摆事实是它论证的手段，讲道理为其根本目的。优秀的新闻评论之所以会受到人们的青睐，关键在于它能够"点破窗纸"，在事实的要害之处一针见血，使受众感到"一吐为快"，能有这样的效果，新闻评论的目的就达到了。

三、表达方式

新闻报道以记叙为主，以讲清事实五要素为基本条件。其中事实确凿可靠、准确反映客观实际是新闻报道的生命。新闻评论以议论为主，讲究概念、判断、推理，要求论点正确、论据充分、论证有逻辑性。因为新闻评论是一种思想观点的发挥，旨在阐明事物的真理，所以析事明理是它的基本条件。为此，也只有占据大量典型、实在的事实，进行入木三分的剖析，才能使本质被揭示得更充分、更深刻。

总而言之，新闻评论主要表达的是客观事实基础上的主观性信息，而新闻报道主要表达客观性信息。新闻评论中对客观信息的陈述，一般是作为评论对象的新闻事实和支持主观性信息（论点）的论据性材料；新闻报道则不应该包括表达作者主观性信息的判断句。

新闻报道与新闻评论是两种基本的写作体裁，是互相依存、共同配合的。当然，首先"新闻"是"评论"得以存在和发展的基础与条件，"评论"因有"新闻"提供的事实可使道理阐述得更具体、更有说服力。如果说新闻是报道事实的艺术，那么评论就是抓矛盾、摆事实、讲道理的艺术，是依靠新闻提供的事实从理论上帮助人们加深理解的手段。简言之，新闻，是对新近发生的事实的报道，重在说明"是什么"；评论则是对新闻事实本质的揭示，重在回答"为什么"。新闻务实，评论务虚，一实一虚，构成了媒体的两大表现样式。两者正是在这一实一虚、一报一导上各司其职、相得益彰。如为了全方位呈现2022年北京冬季奥运盛事，各大媒体均采用两种重要的表现形式：现场报道和现场评论，特别是中央广播电视总台的奥运频道和新闻频道。

学习和把握这二者的不同特点和区别，是成功完成新闻评论的前提之一。在熟练掌握新闻报道写作技巧的基础上，我们应努力掌握新闻评论的具体写作要领，使自己成为一个"多面手"。

第三节　新闻评论与深度报道的区别

我与杰·罗森[①]以及其他公共性新闻的奠基者明确产生分歧的地方在于，他们认为新闻界仅仅去发现显明问题是不够的，他们同时具有同等的责任去寻求这些问题的解决方案，并且在社区中为这些解决方案营造支持。我认为，这对于媒介的社论和言论也许是一个合适的角色，但是对于这个行业的新闻报道而言，却是不合适的。

——大卫·布劳德

案例导入

熟蛋返生孵小鸡，荒诞是如何孵化的？
2021年4月26日　澎湃新闻评论　与归

"选择正常、新鲜的受精鸡蛋，经过开水煮沸以后变成熟鸡蛋，再通过'特异学生'的'意念和能量传播'使鸡蛋还原成生鸡蛋，做到不伤害鸡蛋的生物活性，使它能正常孵化出小鸡并能正常生长……"

近日，一篇题目为《"熟鸡蛋鸡蛋返生孵化雏鸡"实验报告（孵化阶段）》的论文截图，悄然走红网络。

据报道，该论文由郑州某学校实验室和新郑市某家庭农场发表在某刊物

[①] 美国著名记者，擅长报道公共性新闻。

上。该学校校长郭某是"鸡蛋返生实验"专题研究课题的主持者。此外，郭某还有物体穿瓶越壁、熟绿豆返生发芽等相关著作。

这样的"科学著作"是不是有些眼熟？空盆来蛇、隔山打牛、耳朵识字、意念移物……凡是有点科学常识都知道，这很荒谬。煮熟了的鸡蛋，是不可能完全返生的，更不可能再孵化出小鸡。

更何况，是所谓的"特异学生"用所谓的"意念"。以至于有网友调侃，"校长，煮熟的鸭子能飞吗？"就这次舆情来看，已经发表的论文，恐怕真的要飞了。

如果是江湖骗子，或者是一些所谓的民科人士做出如上的宣传，我们还可以理解；但一位职业院校的校长，堂而皇之地把谬论发表在期刊上，这才是更加令人震惊的地方。

毫无疑问，这是一场多重伤害。对于该学校的学生来说，能学到什么样的知识、产生什么样的认知，值得考量。对于该期刊的读者来说，也无疑是一种伤害。

不少公开报道显示，该学校的不少学员，还是年纪很小的儿童。他们在所谓的"培训"中，会不会接受粗制滥造、甚至错误的科学知识？会不会对孩子从小树立正确的世界观产生误导？这些问题很重要，也很令人担心。

目前，该期刊已经回应称，"该论文有些玄幻，正常审核是不会通过的，作者应该是用了什么别的办法发表的。"那么，作者到底是通过什么渠道发表的，值得深究。要知道，这是对教育界、科学界、学术界的覆盖式打击，不能一点回击都没有。

我们难免要问，如此水平之人，是如何当上一校之长的？如此奇葩的论文，又是如何通过层层审核，给予发表的？这当中，到底是生活常识和科学素养的沦丧，还是学术底线和职业道德的泯灭？

值得一提的是，该学校校长郭某，在不少公开的、光鲜的舞台上，还拥有众多头衔，各种荣誉称号更是不胜枚举。能够让熟蛋返生孵雏鸡的"魔力"，或许不是来自她一个人。

都2021年了，别再让这类伪科学丢人现眼了。

本节开头布劳德的那段话，可以说点出了深度报道和新闻评论最本质的区别：深度报道通过新闻事实去发现与显明问题，而新闻评论则需要寻求这些问题的解决方案，并且在社区中为这些解决方案营造支持。

其实，新闻评论与深度报道之间也存在不少相似之处。两者都倾向于对新闻事实的深入挖掘，都强调从深层揭示反映新闻事实的真相等等，因此二者容易混为一谈。新作平在《新闻报道新思路》中认为：深度报道没有固定的格式，也不应过多受篇幅长短的限制，只要能从深层反映新闻事实真相，通讯、特写、评论、专稿、调查报告等都可以成为深度报道，即便是一条消息，只要它立意高远、对问题的反映深刻，也可以看作是深度报道。

那么，我们应如何区分新闻评论与新闻报道乃至深度报道呢？

我们先来阅读三则案例：

案例

重庆"骑士"，向着山火集结

2022年8月24日　《新京报》

记者　熊丽欣　慕宏举　实习生　崔健　编辑　李彬彬

近日，重庆因持续高温发生山火。由于起火地点地势陡峭，汽车难以胜任运输任务，一些挖掘机将物资装在挖斗里，试图运送上山，但效率较低，遇到较窄或较陡的地段，还是只能被迫停下。这时，一支支摩托车车队出现在人们的视野中。

22日上午10点多，正在虎头山帮忙扑救山火的张先生，接到了一通来自重庆交巡警的电话，"汽车上不去，能不能叫些摩托过来。"

张先生酷爱摩托车，在"摩友圈"小有名气。挂断电话，他随即录制了一段小视频，"兄弟们，北碚现在发生山火，需要摩托车帮忙拉物资。"标注上定位，他把视频发到短视频平台，几分钟后浏览量便破千。没过多久，一拨又一拨骑手陆续赶到定位地点。

"一拨会来几个、十几个人。有越野摩托，家用摩托，送外卖的油摩托……各种各样的都有。"在张先生的印象里，当天至少有上千名骑手赶到，有穿着赛车服的，有戴着头盔的年轻女孩，甚至还有白发苍苍的老大爷。"扑救前线的情况牵动着所有人的心，消防官兵负责灭火，我们这些摩托骑手就是运送物资的主力军，一定要做好后勤保障。"

轰鸣的马达声中，一条机动的物资输送线在山脊间展开。

消防器材、柴油、矿泉水、盒饭，被装进背包或用束带绑在后座，由摩托骑手们携带着向火线飞驰而去。"每个人都毫无怨言地来帮忙，他们都是真正的'骑士'。"张先生感慨道。

"白天黑夜两班倒"地接力运送物资，骑手们需要面对的最大挑战，就是崎岖山道的复杂路况。"每次都要骑十几公里，骑手们经常摔倒，膝盖摔破，脚受伤，车摔坏的都有。路过的骑手看到，会载着对方下山找地方休息，摩托车也会帮忙骑下来。"

22日上午，在巴南山火火势得到控制后，骑手舒昊（化名）又赶到了北碚区支援。前一日晚间，地处缙云山脉的北碚区歇马街道虎头村发生山火。

赶到后他得知，前来支援扑救山火的骑手们，自发组建了一个名叫"摩托车运输队"的微信群，便加了进去。"大家虽然同在一个群内，但彼此都不认识。车友们把自己的联系方式备注到群昵称里，有的还写上摩托车型号，方便紧急情况下沟通。"

山火发生至今，舒昊与群内一百多名"摩友"分散在各个起火点，他们中的一部分人骑车往山上运物资、接送消防员和志愿者，其他人跟着挖掘机送柴油。"山里路况很不好，汗水直往眼睛里钻，有时候连路都看不清。"几趟下来，汗水滚着烟尘布满全身，找不到一块干净的地方。

舒昊向新京报记者回忆，23日早上，他得到消息，歇马街道团竹林的挖掘机，在连续作业数小时后柴油耗尽，急需补充。他连忙在"摩托车运输队"群内发布消息，没过几分钟，群里的3名车友响应增援。

几人骑着越野摩托车，背上四五十斤重的柴油，往山顶赶。然而中途遇到陡坡，怎么也上不去。舒昊说，当时看着视频里几个大男人灰头土脸的，顶着大太阳，站在原地不知所措，大家又是心疼又是着急。"后来，这些车友徒步了一公里，坚持把柴油送了上去。"8月24日，重庆市应急管理局发布《8月23日全市山林火灾扑救快报》，北碚歇马火场共投入市区两级应急局专业救援队、武警、消防及其他救援力量1152人，投入市应急局航空救援总队直升机4架；北碚、璧山正组织力量开挖新35米宽隔离带，已安全疏散46人；巴南界石火场投入各级救援力量3940人，东、西线火情已基本控制；大足、铜梁火场火情目前总体可控；涪陵区马武、开州区竹溪乡、万州区燕山乡火场明火已被基本扑灭，救援队伍转入打扫余火、看守火场、防止复燃阶段。

"只要没累瘫，就不会下前线。"舒昊说，群内很多车友已经连续几天没回家。火情危急时，他们一天睡不到两三个小时，实在累得不行了，就随便找个地方眯几分钟。"山火扑灭后，我最想做的就是，回家，睡到自然醒。"

> 案例

危情96小时，重庆缙云山山火全记录
2022年8月28日　极昼工作室微信公众号

8月21日 虎头山起火

火是在8月21日开始烧起来的。据"北碚发布"，8月21日22点30分许，歇马街道虎头村凹儿坪发生火情，应急救援队500余人参与扑救。

在这之前,许多人已看到了烟。这天下午,北碚歇马街道的居民看到,山腰有3处浓烟;缙云山下,一位西南大学学生听说消息,打开宿舍门,闻到股烧火的烟熏味。

晚上8点多,重庆江北区一家摩托车行的老板张宇刷着朋友圈,看到虎头山起火,需要志愿者支援的消息。虎头山属缙云山支脉,对张宇这样出生在北碚的人来说,缙云山是母亲山一般的存在,站在最高峰狮子峰,能俯瞰北碚城南,现在他还经常去那看日出日落。

店员阿春说,当时张宇带头起哄,"我的家乡都起火了,你们还耍什么手机。""那就走啊,回去救火。"车行的七个男生就这样骑着摩托车出发了。阿春是四川人,几天前脚刚受伤,只能坐后座,也不想落单,"就是好奇,想去看看。"

决定骑摩托车前往缙云山,22岁的张宇没有考虑太多,只是因为"摩托车更快"。

离歇马还有二三十公里,张宇远远看到山头冒着火光,浓烟升腾。山火越烧越旺,10点半他到达歇马街道,火光已照出山的轮廓;山脚,通往山上起火区的入口挤满交警、消防人员和围观群众,水、食物、灭火器等物资堆在两个大帐篷里,正等待着被送往山上。

上山只有一条单行道,当地叫小虎路,水泥路面全碎成石渣,坡还特陡,消防车辆和社会车辆完全开不上去,全被卡住了。张宇一行人临时决定将物资背在身上,骑摩托车一点一点送上去,"哪怕一辆车只带一件水也好"。

就这样,摩托车被派上用场,"就是歪打正着",张宇说。他们成了最早一批参与救火的"摩托骑士"。

从山脚到起火区域,全程大概12公里,途经物资中转点和指挥点。最难行的就是这段小虎路,积着几十公分厚的碎石和泥沙,一个不小心,摩托车的轮胎就打滑,人、车、货全摔地上。高速转动的轮胎扬起大量沙尘,没有路灯,能见度不超3米。张宇事先没准备护目镜和口镜,只能任尘土往口鼻灌。

指挥点到起火场,虽然只有一公里,几乎是超过45度的陡坡。对张宇这样有5年经验的车手来说,也要打起十二分精神。长上坡,得死死捏住油门,一旦松手,车就会往下溜;绝不能捏前刹,踩后刹的频率也得控制好,不然轮胎随时打滑。

来回一趟需要半小时,摩托车载量不大,加上外卖车,现场摩托车不超过20辆,能上最后一段陡坡的,更是寥寥无几。最危险的还是下坡。一个有10年经验的车手,干脆将车横在地上往下滚,"如果刹不住车,人连着车往下滚,肯定会受伤。"

摩托车运力跟不上巨量的物资需求,凌晨0点58分,张宇在朋友圈发出

第一条求助信息：北碚区虎头山需要摩托车20台运送物资，最好是KTM（注：奥地利摩托车品牌，以生产越野摩托出名）。

凌晨5点，最后下山的时候，天蒙蒙亮，张宇终于看清陡坡的地势，两边是百米悬崖，没有任何遮挡物。一夜过去，小虎路上的浮尘和碎石全被车轮扬到路两边了。由于长时间抓油门，他的手掌都起茧了，也顶破了皮，手臂酸胀得抬不起来。用去将近90升油，他记不清跑了多少个来回，"上面的物资就是我们这样一点点积累起来的。"

张宇说，他下山的时候，歇马虎头山最初的4个起火点，终于扑灭3个，但剩下那个火势太大，实在扑灭不了。休息了几小时，8月22日中午12点，他再次上山，看到又变成了四个火点，明显蔓延开来，在小虎路上就能看到火场已不远。不久之后，小虎路也被烈火吞噬，没法再用了。

8月22日 第一道隔离带失防

半个多月以来，重庆气温始终在40度以上，吹东南风，风力2到3级。林业专家接受媒体采访时称，高温条件会增加森林灭火的难度，比如不能采用直接扑救方式。

对于正在燃烧中的缙云山，这显然不是一个好消息。据统计，8月21日至22日，北碚区消防救援支队、民兵应急连、综合应急救援等力量共计1500余人参与山火扑救。

事后回看，北碚的人们反应已经足够快，8月22日清晨，第一条隔离带就开始挖掘。

据财新报道，一位参与挖掘机调动的人员8月22日凌晨1点20分接到电话，缙云山火灾需要挖掘机，当晚各单位调集了11辆挖掘机，但因为车次众多，挖掘机车队早晨5时被允许进山。

8月22日一早，附近的许多村民也加入了开辟隔离带，歇马街道本地居民吴盼来到歇马街道冯家槽，遇到两个六十几岁的村民也在砍伐树木，还有十来岁的小朋友自发传递灭火器。

吴盼说，之前的中元节，村民烧纸祭奠的时候也在虎头山引发过火灾，但并没有蔓延开，大家都没想到这次火会这么大。到现在，人们也不知道这场山火的原因。

此时，冯家槽距离着火的虎头山还有段距离，能看到浓烟，但闻不到气味。气温高达四十三四度，人们沿着山沟一直挖，希望用这条隔离带，阻止虎头山的火往东蔓延到歇马镇。山沟大部分都是竹子，一分钟就可以劈开，松树就要用电锯。一直干到晚上七八点，在工作人员的组织下下了山。

吴盼说，因为缺乏挖掘机，最后挖了十多米的宽度，另一个隐患则是，山的另一面属于璧山区，"那边根本没人去挖。"

灭火需要大量人力和物资，求助消息一转十，十转百，8月22日这天，重庆的摩友圈沸腾了，很多人骑上车，奔赴缙云山，有20岁出头的外卖员，也有中学语文女老师。他们从重庆各区的家中出发，汇集到缙云山脚，阿春形容那个场面，"就像摩博会一样"。成都人大僧也赶了过去，"四川、重庆本来就是一家人，既然这边有问题，那就来。"

参与的人越来越多，22日中午，张宇特意建起一个沟通群。不到半小时，人数就上升到100多。在他看来，摩友们的积极性跟年轻人的特质有关，"大家都很自由，想去哪就去哪。"这个圈子向来说走就走，即便西藏、云南这样的千里旅途，半个小时的时间，也能聚起人出发，"不会考虑太多。"

除了摩托车手，赶来支援的市民同样越来越多。一位曾就读朝阳中学的高中生跟随父亲到现场，帮忙将物资从公路边运到山脚下，在西南大学，一位学生说，因为疫情他们被要求食堂教室两点一线，但很多教授、辅导员、老师都参与了救火。

28岁的刘一茜则张罗起了医疗队伍，她在小区支起帐篷，外科医生、内科医生、骨科医生，还有医院院长，下班后从各个医院赶来提供帮助。一个急诊科护士在现场处理最多的是外伤，有脚崴了的，有石头砸到，还有就是中暑，有人热到呕吐，也有被大火灼伤的灭火队员，但不多。

山上的人越来越多，现场也混乱起来，甚至不乏围观、蹭流量的网红，举着设备四处乱窜，张宇看到都会赶走。很多人不知道要运什么、往哪运，第一个中转点的物资垒得有一座屋子高，往上几个补给点却跟不上。同时，负重容易让人失去对车的控制，张宇估计，因为摔车，送上去的灭火器，将近10%保险销都掉了，不少水箱也破了。他充当起协调员，调配几个补给点的物资，和山脚对接，"缺什么送什么"，并根据物资选择合适的车型和车手。

有路段窄到只够一辆摩托车行驶，上下山都堵一起了。一个24岁的年轻人接过社区管理员的喇叭，主动疏通，临时在山腰找了一处民房空地，下山的车先靠那里等待，等上山的车全通过，再统一下山。

张宇交代志愿者，每隔四个小时就要喝藿香正气水，也会嘱咐大家戴护目镜和口罩；为了保障安全，运输以小组为单位，不允许单独成行，有些团队甚至还自备对讲机。意外不时发生，两位车手在弯道盲区相撞，人当场飞了出去，其中一个车手脑袋被划了口子，全身软组织损伤，目前还在医院观察。

令所有人难过的是，火势依旧在蔓延。22日晚上11时，吴盼看到，大火成条状，近乎平行般越过他们那条临时开挖出的隔离带。第二天早上上山，他确认了这一令人沮丧的消息。

"相当于白忙活了一天。大家都很伤心，觉得这次火太大，有些控制不住了。"吴盼说。

23日至24日 大火蔓延

从8月17日起，长时间高温干旱下，重庆一周内至少发生了10起山火，其中以缙云山火势最烈。

据财新报道，8月23日上午8时左右，大火旺盛，并往东北方向缙云山主山脉蔓延。

同时，火点越过山脊，燃至西侧的璧山区，呈多点并发态势。缙云山占地面积将近76平方千米，呈西南-东北走向，是北碚区和璧山区的分界。据璧山发布，8月23日下午，山火正向山脚的七塘镇阳岫村蔓延，24日上午，大火蔓延至八塘镇阳龙村彭家垭口，政府迅速组织，疏散周边群众近100人。

在虎头山一线灭火的退役军人梁明回忆，23日晚火势变大，在前线，消防员是主力军，志愿者则用灭火器消灭火星，防止复燃，他们一分钟就喷完一个小的灭火器，晚上12点，大部分人员只能撤退，留下部分消防员在留守。

在"二线"负责运输物资的人们也察觉到危险临近。一位车手骑车上山时，火还在几十米外的地方，等下山火都烧到路边，"腾"地好几十米高，热浪和浓烟呛得眼都睁不开。

啪啦燃烧的山火，带起滚滚浓烟和草木灰，跟摩托扬起的粉尘混在一起。志愿者和消防官兵来来往往。交汇的时刻，车手阿春看到消防员灰头土脸，直接躺地上睡觉，消防员的年轻给他留下深刻印象："没想到和我们一样，都是20岁出头的。"

一位烧伤科医生和同事们组成六人小队，徒步上山寻找需要救助者。她看到许多消防官兵在山路两旁的树林里就地休息，可能是训练有素，或是出于"轻伤不下火线"的心态，他们并不愿意轻易露出伤口，要靠其他队员的"揭发"，才点头同意包扎治疗。

这位烧伤科医生统计，一路上遇到的伤员里面，烧烫伤有30%，尤其是膝盖，好几个都长了很大的水泡，严重的有二度烫伤。

与此同时，更多的人们依旧在抢着涌向缙云山。张宇的摩托车救援群增加到四个，人数达500多个。刘一茵组织的志愿者群，人数从几百上千，最后扩大到上万。一个连日参加救援的当地居民说，8月24日，已经需要排号上山，自己抽到了两百多号，帮不上忙，就去帮忙砍树来开拓隔离带。

这是人们挖掘的第二道隔离带。相比之前，这次隔离带要宽得多，并且集合了北碚和璧山两区力量，西段从璧山沿东北向上开挖，东段从北碚朝阳中学附近沿西北方向上，计划在山顶八角池附近实现贯通。

位于北碚区的这侧防火隔离带，上窄下宽，底下能达七八十米，最窄的地方只有 10 多米。从低往高，依次分布 1 至 5 号点位，每个点位约有 100 平方米平台，5 号平台接近山顶。

退伍军人梁明参与隔离带的开辟。8 月 24 日凌晨 3 点多，他和 20 个队员一起进山，在山顶开始朝北碚方向的山坡往下挖，主要任务是配合挖掘机，砍掉竹子和树木，清除路障和拓宽道路。

在这之前，璧山一侧已开垦完，甚至越过山坡到达北碚。北碚这侧山坡陡，有很多石壁，需要人用油锯、砍刀砍断树和竹子。他们系上安全绳，被吊到悬崖上，用油锯切断崖壁上的树。坡太陡，挖掘机也经常站不稳，甚至从山坡上滚下来，摔成两段，司机也骨折了。

这或许是最后一道防线了。隔离带距离缙云山国家级自然保护区约 2 公里，那里有 64 种国家级保护珍稀动植物。如果火势没有遏止，5 公里外的北碚主城区甚至也可能受影响。

8 月 25 日凌晨　退役军人突击队

李怡觉得不能再等了。8 月 24 日这天，这个电影制片人在片场拍了一整天戏，本来想到周五（8 月 26 日）再加入灭火大军，但看着手机里缺人的消息，他决定马上开车赶往缙云山。打听到朝阳中学点位有队伍还缺人，李怡马上赶过去。25 日凌晨四五点，他们一行 11 个退役军人组成突击队，分三组，替换从前线下来的 30 多个人。

等待安排的过程中，他去检查了能给到的装备，有毛巾和头灯。"其实大家都想上山，但是分配谁上山呢，我们就把我们的情况告诉指挥，说我们是有经验的退伍军人，这是一个比较简单的标准。" 39 岁的李怡说。

上山前，他们得到告知，下山需要等待通知和结队成行，受伤也要自己承担，"我们也明白，想着不给添负担，毕竟都是自愿上去的。"

戴头灯、穿反光背心，他们从朝阳中学摸黑上山，到达第一个集结点，摩托车志愿者正在运送灭火器、水和药品。李怡一行人要做的，则是带着抽水泵设备、燃油、润滑油和管道，继续往上攀爬，送到更高的点位。

山上的防火隔离带在建蓄水池，就在 5 个点位附近。隔离带建蓄水池，既能方便灭火用水，当火势蔓延至隔离带附近，水池在一定程度上能防止火苗火星越过隔离带，缓冲热气对扑火人员造成的伤害。

李怡说，从 1 号点位到 5 号点位，海拔越来越高，地势愈加陡峭。山太高，水一下上不去，需要用大水泵一层一层往上抽，中间用红色的输水管相连接，"相当于像楼梯接力一样往上输水"。

上山前，李怡以为会直面山火。真在山里走却没怎么看到火。他对山火最直观的感受便是声音——山风一吹，燃烧的竹子就会发出噼里啪啦的声音，"有点像放鞭炮"。

路虽黑，但不会迷路。李怡说，"哪个方向有灯就跟着走"，要看不见灯，在夜色里大喊一声，也能得到回应。难的是路况。隔离带上的路刚被推土机铲过，一不留心就会踩到松动的石子，脚底打滑。设备很重，就连经常在户外运动的李怡也有点吃不消，感觉快虚脱了，就在原地休息。就这样，一行人沿途摔跤吃土，鞋子基本都废了。

到达相应的点位之后，他们会帮着消防员安装拆卸水泵水管，换上新搬上去的大水泵，再将小水泵送到下一个据点。村民送来馒头和鸡蛋，只不过上山带的两瓶水全喝光了，李怡只能向路过的人讨一口水喝。

到了半途，小队分成两批，有的原地停留，有的一直向上，花了2个小时，凌晨5点钟才到山顶。

在李怡一行沿着隔离带一路向上同时，隔离带也在继续拓宽。

梁明说，前一天，8月24日下午，他们挖通了隔离带，但拓得还不够宽，还有一些清障工作在继续。25日凌晨，他所在的一支100多人的油锯队伍又组建起来，与挖掘机配合继续工作。直到25日下午，清障和拓宽隔离带的工作都一直在进行，最终他们把接近山顶的隔离带拓宽至十来米。

根据"北碚发布"，截至8月25日下午5点45分，已经会同璧山区打通第二道隔离带，全长约1.36公里，平均宽度达60~80米。沿途还开挖9个水池，以及移动水源和洒水车。

8月25日 "决战"

一切准备就绪。最后，人们决定用"以火灭火"。《重庆日报》形容，这是一次"决战"。

根据"北碚发布"，8月25日晚采用的"反烧法"灭火策略，由云南省森林消防总队制定，原理是通过人工点燃火线，与相向烧来的林火对接，使接合部骤然缺氧失去燃烧条件。

事实上，重庆在短时间内集中爆发森林火灾后，立即迎来了外地的援兵，包括甘肃、四川的消防人员都参与了扑救。应急管理部调令下，云南森林消防736名指战员，于24日和25日上午分两批到达重庆，随即来到了缙云山火场。

公开资料显示，云南森林消防总队前身为空降兵15军改编的原林业部直属机降支队，最远曾增援万里外的黑龙江省。消防专家说，"以火灭火"是扑灭森林大火的常规方式，"但是专业性很强。"

两江救援队的梁冬被安排在3号平台上。前面3米远的距离，是两位消防官兵，拿着水管等待火的到来。和梁冬一起的还有二三十个志愿者，人手一个灭火器。在他们身后四五十米远，便是供给的志愿团队，顺着小道、斜坡蜿蜒向下。

从高空俯视，整条防火隔离带就像"一副鱼骨架"。鱼中骨就是那道山脊，5个平台点位依次向上排列，通往平台的小路，就像是中骨两侧的鱼刺。平台点位都在制高点，这个时候，连摩托车也失去作用。包括车手在内的许多志愿者，自发连起来，形成人墙接力，传递冰块、灭火器等物资。天暗下来，志愿者的头灯亮了，这副"鱼骨架"发光了。

晚上8点半许，反烧开始。梁冬记得，反烧的火由1号点位开始，2号点位和3号点位几乎同时开始。前两个点位的火很快得到控制。3号点位似乎有点意外，原本在他们脚下的火，"蹭"地一下就窜到三四十米高。那个瞬间，梁冬感觉自己就像要被火吞噬了，皮肤都烤得发烫，只想着要冰水。他的第一个念头就是"赶紧跑"，后面的志愿者也全慌了。2个消防员很镇定，只是稍微往两侧退了退，拿着水管继续冲火光。

大概过去40多分钟，3号点位的火终于控制住了。让梁冬印象深刻的是，当4号点位的火簌烧起来，冲在前面的消防员直接趴下，朝底下的火源猛喷水，"太震撼了，跟火几乎是零距离，他就趴在那里一动不动。"

此刻俯瞰缙云山，又是另一番景象。燃烧的山火像一条火龙，攀在山脊上，星星点点连成线的头灯，则像蜘蛛网一样，网住缙云山。

火被一点点吞噬，黯淡下去。晚上11点，火被完全控制，现场发出集体欢呼："胜利了！"

许多在山脚等待的志愿者陆续上山，继续扑火，以免复燃。像张宇这样的摩托车手们，又重新点燃引擎，往山上送灭火器。一位参加救火的大二学生在山顶看完日出，不禁感慨"守得云开见月明"，他是瞒着父母来的，此刻感觉自己"像英雄一样。"

直到26号早上9点钟，参与扑火五天后，张宇终于离开了缙云山。

案例

"摩托骑士"用志愿者精神筑起一道"防火墙"
2022年8月25日 《新京报》 拾微

近一周来，受持续高温影响，重庆已发生多起突发山火。随着持续的高温干旱，林区可燃物大量堆积，森林草原防灭火工作面临极大压力。重庆市统一调度城市消防、武警官兵等3000余人紧急扑救。除消防、武警官兵力量之外，还有一批又一批有救灾经验和能力的志愿者陆续加入。

这当中，最引人关注的是一批"摩托骑士"。山火发生后，8月22日，因接到重庆交巡警的求助，一拨又一拨的摩托车骑手前去帮忙拉物资。据新京报报道，当天至少有上千名骑手赶到，消防官兵负责灭火，这些"摩托骑士"则负责后勤保障，成为运送物资的主力军。他们活跃在上山路上，背着背篓，在救援一线分批运送物资和灭火设备。

这样一群在山火中逆行的"摩托骑士"，形成了一种危急关头的共同体精神。他们的勇敢与无畏，不需要用多么漂亮的话语去形容，更多体现出一种平实的志愿者精神，在关键时刻形成一股力量，这为战胜灾情增添了更多信心。

这次重庆山火中，逆行而上的"摩托骑士"是一支不容忽视的力量，不仅在于他们的自发性与团结性，也因为他们为运送物资提供了许多便利。重庆多山地，山火起火地点地势陡峭，汽车难以胜任运输任务，挖掘机运送物资上山效率低，且局限性较大。这种情况下，摩托车便成了最优选择。

民众的力量，在遇到困难时能够拧成一股绳。其中，有来自重庆两江新区的女教师骑摩托车支援重庆山火救援，帮忙搬运物资，随时待命支援。她表示，正好暑假不上班，能帮一点是一点。

要知道，骑行运送物资上山，并不是一项简单的工作。进山的路不好走，每个山头路况不同，路面狭窄且碎石很多，"基本上所有人都摔过"。不止于此，因救灾的紧迫性，很多"逆行骑士"一整天都没睡，晒得嗓子发哑。但即便是这种情况，也没有人轻言放弃。正是这样一群无畏、勇敢的人，成为一线救援人员最坚强的后盾。

在社交平台上，也有不少人感动之余，分享着自己身边人参与或者想参与救援的故事。面临山火，没有旁观者，每个人都躬身入局，贡献着自己的一份力量。来自四面八方的、各行各业的人赶赴于此，生活中的普通人，铸就了这座城市的坚固"防火墙"。而这，也是一城之民最朴实、最能打动人的地方。

目前，重庆北碚缙云山山火已经连烧了4天，还有人陆续从各地前往事发地点参与救援。这种共渡难关的志愿者精神让人感动。当然，也要提醒的是，任何救援行为都应该是在充分考量自身身体素质的前提下，量力而为，不宜因一时热血而冲动；同时，对于相关部门来说，面对参与救援的逆行者们，也有必要加强秩序的维持和引导。毕竟，任何时候安全上路，平安归来才是最重要的。

危急时刻，"摩托骑士"逆行的背影，鼓励更多人挺身而出。山火总会扑灭，但大无畏的志愿者精神，不会熄灭。

读完这三篇文章，大家是否能迅速得出答案？

第一篇是新闻报道，第二篇是深度报道，第三篇则是新闻评论。

尽管三者的区分给不少新闻从业者造成过困惑，但事实上三者的差别比较明显。如果围绕同一个议题，三者的区分则更加鲜明。这种鲜明的差别从何而来？——在于三者处理新闻事实的不同方式。如《重庆"骑士"，向着山火集结》一文的重心在于提供、传播客观的新闻事实——重庆"骑士"送物资上山或去灭山火这些事件本身，并要求在事实报道中显示媒体自身公信力。因此其中的事实准确客观是它的生命。所以，这篇报道多处使用直接引语，如对参与救援的"骑士"张先生的直接引语："兄弟们，北碚现在发生山火，需要摩托车帮忙拉物资。""一拨会来几个、十几个人。有越野摩托，家用摩托，送外卖的油摩托……各种各样的都有。"有了这些细节和事实的描述，一般人不会怀疑这则新闻报道的真实性，也在事实报道的同时增加了可读性。

新闻报道是否也包含一定的思想倾向呢？答案无疑是肯定的。新闻报道作为一种对客观现实的选择与加工方式，必然带着记者、编辑等把关人的主观态度与意志——它也是一定思想观念的体现。当重庆"骑士"集结，送物资上山和扑灭山火这些客观事实出现时，自然传达出了作者对这些"骑士"的赞美之情，只是这些思想观点的表达是无形的，它不是这篇新闻报道的根本目的，而是新闻生产过程中媒体人立场的一种显现。

那么深度报道呢？在《危情96小时，重庆缙云山山火全记录》这篇报道中，大家的第一印象是什么？篇幅很长。它从重庆山火开始燃烧到连续几天的扑灭工作进展，再到最终被扑灭，既有细节，又有原因分析。显然，深度报道的内容全面广泛。它集中报道了重庆山火被扑灭的全过程、特殊困难和主要原因。在写作方法上，强调以记录全过程和调查的成分为主。调查，尤其是"本刊独家调查"是深度报道的一个重要特色。这篇深度报道时时、处处都不忘剖析重庆山火被扑灭的全过程和其中的调查痕迹。

深度报道的类型不少，主要包括展现新闻事件全过程的长篇通讯，分析新闻事件原因、本质和影响等的解释性报道、调查性报道，也包括展现新闻人物的特稿故事。深度报道并非一种独立的体裁，只是一种报道方式，各种体裁均可作深度报道，多种体裁的融合则更适于作深度报道。深度报道的综合性往往表现为体裁的综合、手法的综合、内容的综合等。知识性深度报道要提供大量的背景材料，涉及古今中外各类学科知识，以满足受众需要。

这就不是简单的一般新闻事实的报道了。深度报道一般围绕一个主题吸纳多个新闻事实，在对多个新闻事实的展示分析过程中，人们通过各种事实的相关性了解了事件发生的原因、现状、结果与趋势，从而揭示出新闻事实后面隐藏的社会现实。这一过程同样隐含了新闻报道把关人的主观态度和倾向，而且相对于一般新闻报道而言，隐含的程度比较浅。换句话说，深度报道的主观态度与倾向比一般新闻报道更为鲜明直露。可它仍不是新闻评论。因为相关新闻把关人不会对这些事实做出明确评价，更不会就这些新闻事实旗帜鲜明地站出来提倡什么、反对什么或指明应该采取什么样的应对措施等。

中央广播电视台《新闻调查》是国内知名的深度报道栏目，节目中通过记者调查，层层剥笋般地展示事件的发展过程。记者的观点看法隐藏在作品的叙事结构中，蕴含在记者的调查思路中，也体现在记者选择的他人议论中，但记者自己不会跳出来现身说法，即使画面上出现了记者的声音，可这种声音只用于陈述事实、承上启下或表明事件背景。一旦记者或主持人现身表明自己的观点或立场，或表明总台新闻评论部乃至整个中央广播电视总台或党和人民的立场，那就是《焦点访谈》了，就是新闻评论了。

《新京报》的《"摩托骑士"用志愿者精神筑起一道"防火墙"》是一篇典型的新闻评论（时事评论）。它也有新闻事实——"近一周来，受持续高温影响，重庆已发生多起突发山火。随着持续的高温干旱，林区可燃物大量堆积，森林草原防灭火工作面临极大压力。重庆市统一调度城市消防、武警官兵等3000余人紧急扑救。除消防、武警官兵力量之外，还有一批又一批有救灾经验和能力的志愿者陆续加入。这当中，最引人关注的是一批'摩托骑士'。山火发生后，8月22日，因接到重庆交巡警的求助，一拨又一拨的摩托车骑手前去帮忙拉物资。"可是，与新闻报道和深度报道不同的是，这里的新闻事实不过是评论的一个新闻由头，用不着过分描述它的细节，也没有对新闻事实做进一步扩展，而是直接点明这个事实的意义——"这样一群在山火中逆行的'摩托骑士'，形成了一种危急关头的共同体精神。他们的勇敢与无畏，不需要用多么漂亮的话语去形容，更多体现出一种平实的志愿者精神，在关键时刻形成一股力量，这为战胜灾情增添了更多信心。"——这可是案例二想说而没有说出的话。接下来的各个段落，分别从不同层面进一步论证这一中心论点，即"重庆山火中，逆行而上的'摩托骑士'是一支不容忽视的力量，不仅在于他们的自发性与团结性，也因为他们为运送物资提供了许多便利。来自四面八方的、各行各业的人赶赴于此，生活中的普通人，铸就了这座城市的坚固'防火墙'"。整篇新闻评论发表于2022年8月25日重庆山火最严重最焦灼之际，"坚决"表明了媒体的态度，表达对新闻事实的主观意见，是新闻评论独树一帜的特色，主观意见的形成取决于评论主体的立场态度。在这里，评论主体的态度必须是旗帜鲜明的，不能有丝毫的含混隐晦。这篇评论的末尾还不忘提"危急时刻，'摩托骑士'逆行的背影，鼓励更多人挺身而出。山火总会扑灭，但大无畏的志愿者精神，不会熄灭"。这正是评论主体主观愿望的典型反映。

第四节　新闻评论与理论文章的区别

只有传记是真实的历史。

——卡莱尔

案例导入

中国共产党第十九届中央委员会第六次全体会议公报（节选）

中国共产党第十九届中央委员会第六次全体会议，于2021年11月8日至11日在北京举行。

全会由中央政治局主持。中央委员会总书记习近平作了重要讲话。

全会听取和讨论了习近平受中央政治局委托作的工作报告，审议通过了《中共中央关于党的百年奋斗重大成就和历史经验的决议》，审议通过了《关于召开党的第二十次全国代表大会的决议》。习近平就《中共中央关于党的百年奋斗重大成就和历史经验的决议（讨论稿）》向全会作了说明。

……

全会提出，一百年来，党领导人民进行伟大奋斗，积累了宝贵的历史经验，这就是：坚持党的领导，坚持人民至上，坚持理论创新，坚持独立自主，坚持中国道路，坚持胸怀天下，坚持开拓创新，坚持敢于斗争，坚持统一战线，坚持自我革命。以上十个方面，是经过长期实践积累的宝贵经验，是党和人民共同创造的精神财富，必须倍加珍惜、长期坚持，并在新时代实践中不断丰富和发展。

全会提出，不忘初心，方得始终。中国共产党立志于中华民族千秋伟业，百年恰是风华正茂。过去一百年，党向人民、向历史交出了一份优异的答卷。现在，党团结带领中国人民又踏上了实现第二个百年奋斗目标新的赶考之路。全党要牢记中国共产党是什么、要干什么这个根本问题，把握历史发展大势，坚定理想信念，牢记初心使命，始终谦虚谨慎、不骄不躁、艰苦奋斗，不为任何风险所惧，不为任何干扰所惑，决不在根本性问题上出现颠覆性错误，以咬定青山不放松的执着奋力实现既定目标，以行百里者半九十的清醒不懈推进中华民族伟大复兴。

全会强调，全党必须坚持马克思列宁主义、毛泽东思想、邓小平理论、"三个代表"重要思想、科学发展观，全面贯彻习近平新时代中国特色社会主义思想，用马克思主义的立场、观点、方法观察时代、把握时代、引领时代，不断深化对共产党执政规律、社会主义建设规律、人类社会发展规律的认识。

必须坚持党的基本理论、基本路线、基本方略，增强"四个意识"，坚定"四个自信"，做到"两个维护"，坚持系统观念，统筹推进"五位一体"总体布局，协调推进"四个全面"战略布局，立足新发展阶段、贯彻新发展理念、构建新发展格局、推动高质量发展，全面深化改革开放，促进共同富裕，推进科技自立自强，发展全过程人民民主，保证人民当家作主，坚持全面依法治国，坚持社会主义核心价值体系，坚持在发展中保障和改善民生，坚持人与自然和谐共生，统筹发展和安全，加快国防和军队现代化，协同推进人民富裕、国家强盛、中国美丽。

全会强调，全党必须永远保持同人民群众的血肉联系，践行以人民为中心的发展思想，不断实现好、维护好、发展好最广大人民根本利益，团结带领全国各族人民不断为美好生活而奋斗。全党必须铭记生于忧患、死于安乐，常怀远虑、居安思危，继续推进新时代党的建设新的伟大工程，坚持全面从严治党，坚定不移推进党风廉政建设和反腐败斗争，做到难不住、压不垮，推动中国特色社会主义事业航船劈波斩浪、一往无前。

全会决定，中国共产党第二十次全国代表大会于2022年下半年在北京召开。全会认为，党的二十大是我们党进入全面建设社会主义现代化国家、向第二个百年奋斗目标进军新征程的重要时刻召开的一次十分重要的代表大会，是党和国家政治生活中的一件大事。全党要团结带领全国各族人民攻坚克难、开拓奋进，为全面建设社会主义现代化国家、夺取新时代中国特色社会主义伟大胜利、实现中华民族伟大复兴的中国梦作出新的更大贡献，以优异成绩迎接党的二十大召开。

党中央号召，全党全军全国各族人民要更加紧密地团结在以习近平同志为核心的党中央周围，全面贯彻习近平新时代中国特色社会主义思想，大力弘扬伟大建党精神，勿忘昨天的苦难辉煌，无愧今天的使命担当，不负明天的伟大梦想，以史为鉴、开创未来，埋头苦干、勇毅前行，为实现第二个百年奋斗目标、实现中华民族伟大复兴的中国梦而不懈奋斗。我们坚信，在过去一百年赢得了伟大胜利和荣光的中国共产党和中国人民，必将在新时代新征程上赢得更加伟大的胜利和荣光！（2021年11月11日中国共产党第十九届中央委员会第六次全体会议通过会议公报）

新闻评论和报刊上的理论文章很难分辨，因为在议论对象和表达方式上大体相近。尽管如此，二者之间的微妙区别还是存在的——新闻评论在选题的确定、论证的方法、语言的运用乃至篇幅的长短等方面，都有自己独特的要求，从而显现出与理论文章的不同。

一、更强烈的时效性

所谓时效性，就是大众传播媒介传播的信息在一定时间内产生的社会效果。时效性对于新闻评论也有着重要的价值。尤其是关于时事的评论，只有讲究时效性，才能赢得受众、掌握舆论的主导权。至于如何把握实际，真正做到切合时宜，必须从新闻评论特定的内涵来分析和把握。

我们说，新闻评论所关心的是"直接的当下的现实"，它以迅速及时地评述最新事件、阐明事理、引导舆论见长，以提出和解决当前最迫切需要解决的问题取胜，这与一般的理论文章有着不同的要求。理论文章虽然也服务现实需要，但其更注意分析的透彻和论证的严密，着眼于道理的说服力和生命力，它是就某一学科、某一领域或某一思想深入分析，阐明一种概念、理论或一种科学，更富有理论色彩，其社会作用也更为深远。

新闻评论追求在社会"热点""难点""焦点""疑点""痛点"，在紧迫问题上"做文章"。凡是抓住能拨动亿万人民心弦的问题来"论是非"，抓住能够触及当前实际工作中的"关节"来"说短长"的评论，势必会引起社会的强烈反响，受到广大受众的好评。所以，时效性对新闻评论至关重要，它也是新闻评论价值的重要体现。

二、更强烈的针对性

所谓针对性指的是针对当今热点事件、社会问题和社会风气等直接提出自己的观点，有的放矢，针砭时弊。虽说理论文章也有较强的针对性，但新闻评论的针对性与公众利益直接相关，事实上，很多时候新闻评论是替公众"发声"。

新闻评论强调"有的放矢"，要求针对当前具有新闻价值的事件和问题来发表意见和主张，评论对象都是客观具体的、所揭示与促使解决的问题，都应是实际工作中迫切需要解决、人民群众迫切需要得到解释的问题。新闻评论与理论文章虽然都要求从现实出发，要求理论与实践结合，但是新闻评论的论题要更具体、更实在。倘若脱离了事物所特有的环境和背景，离开了一定的时间、地点和条件，新闻评论就失去明确的目标。

其实，中国的论说文已有2000多年的历史。论说文又称议论文、说理文等，是一种直接对客观事物发表意见的理论性文体。在这类文章中，作者主要运用逻辑思维的方式，采用逻辑推理的方法，直接发表自己对客观事物的看法和见解，"直抒己见"是其最突出的特点。

请看以下案例：

> **案例**

师说
〔唐〕韩愈

　　古之学者必有师。师者，所以传道受业解惑也。人非生而知之者，孰能无惑？惑而不从师，其为惑也，终不解矣。生乎吾前，其闻道也固先乎吾，吾从而师之；生乎吾后，其闻道也亦先乎吾，吾从而师之。吾师道也，夫庸知其年之先后生于吾乎？是故无贵无贱，无长无少，道之所存，师之所存也。

　　嗟乎！师道之不传也久矣！欲人之无惑也难矣！古之圣人，其出人也远矣，犹且从师而问焉；今之众人，其下圣人也亦远矣，而耻学于师。是故圣益圣，愚益愚。圣人之所以为圣，愚人之所以为愚，其皆出于此乎？爱其子，择师而教之；于其身也，则耻师焉，惑矣。彼童子之师，授之书而习其句读者，非吾所谓传其道解其惑者也。句读之不知，惑之不解，或师焉，或不焉，小学而大遗，吾未见其明也。巫医乐师百工之人，不耻相师。士大夫之族，曰师曰弟子云者，则群聚而笑之。问之，则曰："彼与彼年相若也，道相似也。位卑则足羞，官盛则近谀。"呜呼！师道之不复可知矣。巫医乐师百工之人，君子不齿，今其智乃反不能及，其可怪也欤！

　　圣人无常师。孔子师郯子、苌弘、师襄、老聃。郯子之徒，其贤不及孔子。孔子曰：三人行，则必有我师。是故弟子不必不如师，师不必贤于弟子，闻道有先后，术业有专攻，如是而已。

　　李氏子蟠，年十七，好古文，六艺经传皆通习之，不拘于时，学于余。余嘉其能行古道，作《师说》以贻之。

　　《师说》是唐代文学家韩愈创作的一篇理论性文章。文章阐说从师求学的道理，讽刺耻于相师的世态，起到教导青年、转变风气的作用。文章着重论述师道的重要性，严正地驳斥士大夫们的恶意诽谤、抨击时俗、轻视师道的不良风尚，为开展古文运动扫除思想障碍。作者在本文中所发表的如何求学的见解是极其精辟的，他对于读书求学的议论也很能启发后人。

> **案例**

专项整治"动真格"，让教师缩回有偿补课违规收礼之手
2021年7月28日　《新京报》　郭慧岩

　　一直以来备受诟病的中小学教师有偿补课、违规收礼等问题，有治了！

　　日前，教育部办公厅印发《关于开展中小学有偿补课和教师违规收受礼

品礼金问题专项整治工作的通知》(以下简称《通知》),《通知》提出,面向全国中小学校和教师开展为期九个月的有偿补课和违规收受礼品礼金问题专项整治,进一步规范中小学教师职业行为,营造风清气正的育人环境,促进中小学生健康全面发展。

长期以来,有偿补课、教师违规收受礼品礼金等问题违背师德、伤害教育公平,更涉嫌违法,这些歪风邪气早该刹一刹了。这次的专项整治无疑是一记重拳。

事实上,中小学教师有偿补课是明目张胆地将教育公共资源商品化,把公共资源变成自己牟利的工具,这显然与义务教育的公平性、普惠性相违背。

"课上不讲课下讲""校内不讲校外讲"是一些有偿补课教师的常规操作,这不但加重了学生、家长的负担,还人为制造了新的不公平,严重影响了教育生态。

教师收受礼品礼金,同样是插在许多家长心头的一根刺。除了加重家长的经济负担外,还异化了原本平等的家校关系、师生关系,给它们罩上了物质化和庸俗化的阴影。

这种风气,甚至给了个别教师一种"高高在上"的错觉,有教师竟然曾赤裸裸地向学生或者家长索要礼物。

不过,也要看到,无论是有偿补课还是教师违规收礼,这些问题的出现,除了教师个人品格等方面存在问题外,还与升学焦虑、教育资源不均衡、教师待遇低等现实问题有很大关系,但无论如何,教师的任何行为都不能突破底线。

这也提醒人们,相关部门在重点打击中小学教师有偿补课、违规收礼等行为的同时,也要对更深层次的原因多想一些,多做一步。标本兼治,才能从根本上彻底解决问题,从而形成良性循环。

当然,这是一项长期工作,需要更长时间来解决。就眼下而言,各地应顺着这股"东风",先自查自纠,以"零容忍"态度,按照"从严查处、形成长效"的原则整治教师有偿补课、违规收礼等行为,落实主体责任,畅通投诉渠道,将好政策落到实。

以上两篇文章都在论述"教师"这一主体,前一篇韩愈阐述师道的重要性,属于论说文即理论性文章;后一篇对教师有偿补课行为进行了批判,属于新闻评论,其针对性更强。

新闻评论主要针对什么倾向发言,重点要解决什么问题,作者必须心中有数,做到目标明确。要知道,论题只有置身于社会生活的旋涡之中,才能真正帮助人们排疑解难、明辨是非,达到扶正压邪、兴利除弊的目的。同时,新闻评论还肩负着指导实践的任务,因此在针对某一事物进行分析论述时,总是要依据客观的需要选择切入点,触动社会上绷得最紧的那根弦，这样才能评到"穴位"上。因此，一句话概括，针对性强，是新闻评论能吸引人、打动人、达到预期效果的重要因素。

三、更直接的现实性

一般来说，新闻评论不是从理论到理论的分析、论证，也不是专门担负探讨理论的任务，而是重在紧密联系现实，实事求是地以科学理论来开拓人们的思路，运用事物的客观规律、党的方针政策来启发和提高人们的认识水平，力求让受众觉得这类文章所论述的问题既发生在自己的周围，又充满生活的哲理，因而感到可敬、可亲、可信。

案例

比流量更重要的是孩子们成长的质量
2021 年 7 月 23 日　人民网评

对不少孩子来说，每年暑期是放松身心的日子，也是容易放松警惕的时段。近日，中央网信办启动"清朗·暑期未成年人网络环境整治"专项活动，聚焦直播短视频平台涉未成年人问题、儿童不良动漫动画作品问题、网络"饭圈"乱象问题等 7 类网上危害未成年人身心健康的突出问题，为营造未成年人良好上网环境，有效解决网络生态突出问题，主动亮剑、重拳出击。

"严禁 16 岁以下未成年人出镜直播""坚决清理散布暴力血腥、暗黑恐怖、教唆犯罪等内容的'邪典'视频""整治诱导未成年人应援集资、高额消费、投票打榜、互撕谩骂、拉踩引战、刷量控评等'饭圈'乱象"……一条条雷厉风行的举措，针对的正是当下一个个广为诟病的网络乱象；不断加码的处置处罚力度，体现的正是保持"零容忍"的鲜明态度。

近年来，网上危害未成年人身心健康的事件时有发生。"未成年孕妈"的现象，"3 岁女孩因吃播喂到 70 斤"的新闻，小学生直播跳性感舞蹈求打赏的视频，诱导未成年人自杀约死、拍摄交易色情低俗视频的群组……从炫富拜金、奢靡享乐的价值取向，到色情低俗、血腥暴力的文化导向，从人身攻击、恶意举报的不法行径，到挑动对立、侮辱诽谤的不良行为，这些乱象荼毒的是孩子的精神世界，危害的是国家的前途未来。由此而言，为未成年人的网络世界保驾护航，是为了孩子健康成长的主动作为，也是对社会疾呼的有力回应。

有人或许会说："信息时代，流量为王。"但是，比流量更重要的是成长的质量，比打赏更需要关注的是品德的鉴赏。倘若为了博取粉丝的欢心，就要侵蚀未成年人的身心，这样的代价显然谁都无法承受。互联网虚拟世界繁花与杂草共生，未成年人精神世界现实和梦想折叠。此次专项整治的目的，正是为了守护孩子澄净的精神天空，免受网络不良风气的侵染。

为未成年人的健康成长扫除阴霾、荡涤乱象，是网络时代的必然之举，也是全社会的应尽之责。孩子是成长的主角，有必要增强认识、拒绝诱惑；家庭是成长的环境，有义务加强教育、保证导向；平台是成长的助力，有责任堵塞漏洞、保护权益；社会是成长的舞台，有能力价值引导、综合防范。无论如何，对那些危害未成年人身心健康的乱象必须露头就打、从严从重处理，如此才能织牢保护孩子的安全网，也为所有人营造更为文明、健康、向上的网络环境。

在事关未成年人成长的问题上，严管严控是最好的保护。不久前，针对一些知名网络平台传播儿童软色情表情包、利用未成年人性暗示短视频引流等问题，网信部门依法约谈、责令整改、全面清理、实施处罚。保护未成年人健康成长不是一阵风，而是一件久久为功的大事。向这些乱象说"不"，要严于暑期，更要严在平时。

人民网这篇评论针对中央网信办启动的"清朗·暑期未成年人网络环境整治"专项活动，聚焦直播短视频平台涉未成年人问题、儿童不良动漫动画作品问题、网络"饭圈"乱象问题等7类网上危害未成年人身心健康的突出问题，明确指出不仅要在暑假为未成年人营造良好的网络环境，在平时也要创造健康的网络生态。

新闻评论较之理论文章，具有更突出的时效性、针对性和现实性，是时事性论文和政治性论文的结合，因此它常被人称为时评或政论。尽管如此，这种区别仍然是相对的。我们指出和认识新闻评论同一般理论文章的区别，是为了更好地把握新闻评论这一文体的特点。但是大体并非定体，不能够绝对化，因为随着新闻传播媒介的发展，各种形式的评论都在不断涌现。

第五节 当代新闻评论的特点

评论是报纸的旗帜和灵魂。

——丁法章

案例导入

善用流量红利讲好中国故事
2020年12月3日 《北京日报》 范荣

流量没有原罪，引导得好就会变成正能量，只要掌握方式方法，互联网宣传更加深入人心。相较于概念化的东西，有血有肉的故事、具体可感的细节最打动人心。各地其实都能挖掘出自己的"丁真"，也只有这样的流量才能"长红"。

这几天，藏族小伙丁真火了，各地文旅部门纷纷接力，借此契机推广本地风光。网友被各种段子逗得会心一笑的同时，也完成了一次"云旅游"，一览大美中国。这次现象级传播事件，有很多地方值得分析，亦有不少经验值得总结。

为什么丁真火了？有人说，看腻了千篇一律又千奇百怪的网红，康巴小伙的纯真让人耳目一新。在笔者看来，这只是丁真进入公众视野的基础，而真正让其"出圈"的，是各地文旅部门的宣传大比拼。青海"加班加点选出了赛马男孩"，陕西第一时间找到了与丁真神似的兵马俑，黑龙江在众多冰雕里淘到了"同款"丁真……语言逗趣、产品过硬，这种"拼了"的姿态更让人看到了一种努力。就像网友所言：看似满屏的丁真，实际上字里行间显示着旅游发展、脱贫攻坚、国计民生。这波宣传值得肯定，而这也说明，流量没有原罪，引导得好就会变成正能量，只要掌握方式方法，互联网宣传更加深入人心。

"酒香也怕巷子深"，网络时代，借网推介造势不是临时起意，而是融入日常的基础工作。很多看似只是偶然的一夜爆红，其实都是厚积薄发。就拿丁真的家乡——四川理塘来说，宣传部门打的明显不是无准备之仗。后续的报道也证明了，为作好旅游脱贫这篇大文章，当地从上到下确立了"敢吃螃蟹"的思想共识，扶贫干部普遍熟练玩转新媒体。比如，当地特产的包装设计十分文艺，此前带货找的也不是明星、网红，而是颇受文青喜爱的四川作家；丁真走红后，当地谢绝了综艺节目、娱乐公司等送热钱的机构，而是与专业的拍摄机构合作，迅速推出了风光宣传片。机会总是留给有准备、有想法的人。没有前期的积累，这座小城不会在遇到网络热点后迅速"接梗"。这种主动求变的进取意识、积极尝试的宣传思维，是所有地方都应当学习的。

我们常说要讲好中国故事，这是一种责任，也是一种能力，更要按规律办事。今天的媒介形态频繁迭代，传播从过去"点到点"转向"点到域"。重度碎片化、强调互动性、突出个性化的内容，为一个地方的形象塑造提供了效能更高的渠道，很大程度上，也在颠覆过去那种偏重宏大视野的传播路径。再看受众特点，作为"互联网原住民"的新一代网民，思维活跃、追求个性，喜欢草根原创、渴望情感认同、热衷深度互动。做好宣传工作，就必须深谙这些传播规律的变化，在方式方法上与时俱进。在这方面，不少地方已经迈开步子。丁真的故事是一例，近期还有新疆一女县长身披红斗篷在皑皑白雪中策马驰骋，视频搭配武侠音乐，引得无数网友对"天马文化"心驰神往；记者出身的扶贫干部坚持用影像记录乡间点滴变化，把线上粉丝变为线下游客……说到底，传播是一门说服的艺术。用目标受众听得懂、感兴趣的表达方式，就能实现共鸣，潜心钻研传播规律、用好用活网络，才能"四两拨千斤"。

传播与接受的过程也是心与心的交流，唯有真情最动人。过去一提起"宣传""推介"，很多人都习惯性地想到利用名人光环，总想把"大IP"捆绑到自己一方水土中。这当然不失为一种思路，但丁真的走红则告诉我们，普通人的故事、平凡的烟火气同样可以打动人。丁真本身只是普通的藏族青年，但他原汁原味的打扮、放牛骑马的日常与蓝天、雪山、藏族文化融合一起，展现出雪域高原真实的风采，一下子触动了人们对诗和远方的向往。与之类似，火遍中西方社交媒体的李子柒也只是以普通人的视角，记录一餐一饭、四季流转，却体现出了中国文化"无声胜有声"的感染力。事实说明，最大的"流量"来自这个社会精神上的真正共鸣，来自人同此心的美好情感。相较于概念化的东西，有血有肉的故事、具体可感的细节最打动人心。照此来看，各地其实都能挖掘出自己的"丁真"，也只有这样的流量才能"长红"。

"丁真现象"是一个切口，从中我们看到注意力资源蕴藏的巨大效能。据报道，丁真走红后，理塘热度大涨，搜索量到11月最后一周猛增620%。这直观展示了，引导科技向善、巧用流量红利可以撬动一个地方在新业态新经济上的发展。还有网友在了解了丁真和他家乡的扶贫干部后，感慨"谢谢这些同龄的人们，从不曾停止努力"。在网络大潮中，每一朵浪花都会折射太阳的光芒，每一份坚守都会收获时光的馈赠。拥抱变化、解放思想、积极探索，让中国故事拥有更生动的表达，也会让正能量成为最闪耀的"顶流"。

就目前新闻评论的整体情形与未来发展趋势来看，它主要体现了以下四个方面的特点，即新闻性、时效性、政治性和群众性。

一、新闻性

新闻评论既然是对新闻事实所发的评论，并且一般出现在新闻媒体上，那么，新闻性必然是新闻评论的主要特性之一。如何理解新闻评论的新闻性呢？

首先，它一般以新闻事实为依托，评论的对象或话题是现实生活中新近发生的事情或事件。这一特性要求新闻评论直接针对客观实际，针对社会关注的焦点，针对自身媒体受众的疑难发表意见，表明态度。

> **案例**

人民来论：组团偷南瓜和玉米，这可不是小事
2022年8月31日　人民网

近日，"老人组团偷南瓜"事件登上社交媒体热搜榜，而余热未消之际，另有"老人组团偷玉米"的视频又再次引发网友热议。

面对偷摘劳动果实却倚老卖老甚至道德绑架的老人，返乡创业的小余得到了当地政府的处理承诺。而连续3天睡在车里蹲守防盗的田先生，除了拾起被丢弃的还没长好的玉米，还要做好继续蹲守的准备。

我们必须要看到，偷盗者的不以为意甚至撒泼耍赖，已不仅仅是法律问题，更深深暴露出一些地方在乡风文明建设上的短板。部分村民不仅法治意识淡漠、道德行为失范，甚至还有法不责众的侥幸心理。事件不仅折射出落后的民风，也体现出基层组织在乡村公共治理中的缺位。

面对群体偷盗行为，除了要予以打击以儆效尤之外，更要从根子和文化上解决问题。乡村振兴，既要塑形，也要铸魂。"形"在外，成绩易见，而"魂"在内，需要对意识层面加以再造。尽管"魂"看不见摸不着，却是乡村振兴的"根"，往往需要更花功夫、更动脑筋。在乡村振兴的过程中，乡风文明建设就是铸魂。通过破除陈规陋习，普及法治教育，树立正确价值观，发挥传统民俗强大的影响力，增强村民法律意识，提升村民思想道德素质，规训的同时进行引导和发扬，教化涵养文明乡风、良好家风、淳朴民风。

在乡村振兴的道路上，乡风文明既是保障也是尤为关键的一环。几个南瓜，几袋玉米，看起来吃亏的是承包人，实际上被偷走的却是当地的乡风口碑和营商环境。投资创业者的合法权益得不到保障，除了经济损失，当地形象的负面评价也会相伴而生。对投资创业者来说，营商环境是其生存和发展的土壤；对政府来说，能否为创业者打造良好的营商环境也是体现基层治理能力的重要环节。一个缺乏"人和"、稳定、法治化、公平的营商环境，等于变相劝退投资创业者。

乡风文明是乡村良好社会风气、生活习俗、思维观念和行为方式的总和。而乡风文明建设，是乡村振兴的"晴雨表"，也是促进乡村振兴战略实施的新引擎。只有不断加强乡风文明建设，才能以高质量的乡风文明引领乡村振兴不断开创新局面。

这篇评论针对2022年8月底闹得沸沸扬扬的"老人组团偷南瓜"这一新闻事件展开评论，直接表明作者观点："乡风文明是乡村良好社会风气、生活习俗、思维观念和行为方式的总和。而乡风文明建设，是乡村振兴的'晴雨表'，也是促进乡村振兴

战略实施的新引擎。只有不断加强乡风文明建设，才能以高质量的乡风文明引领乡村振兴不断开创新局面。"评论紧跟社会热点，新闻性强，而且直接引导舆论，为乡村振兴特别是乡村精神文明建设提出合理建议。

其次，强调新闻评论的新闻性在于要从新闻的视角去审视评论。

新闻评论是一件"易碎品"，因为它的存在价值、社会作用从某种意义上说取决于它与现实生活的紧密程度，它不能脱离社会现实和主流新闻。由此，在新闻评论的生产过程中，就必须引入新闻观点，以新闻的某些运作方式和视角来审视新闻评论。

所谓"引入新闻"的观点，是指面对纷繁复杂的新闻事件和新闻现象，可以用新闻的归纳原则来加以概括和把握，最终实现新闻评论内涵的拓展与表达方式的开放。与信息匮乏时代的媒介环境相比，今天的受众处于信息泛滥的媒介生态中。他们不再像过去那样如饥似渴地寻求信息，而是渴望对信息的进一步梳理整合，希望在了解新闻事实的同时听到社会各方对新闻的认识与评价。评论工作者对评论议题的选择其实是在告诉读者：哪件事是最近的新闻事件中最重要的。这在某种程度上是对新闻价值的又一评估。同时，评论工作者不仅可以强调新闻的意义，甚至还可以把重大事件首先在评论中加以披露。因为报道的对象必须是业已发生的明确事实，而评论则可以相对灵活，如预测动向，揭示一些隐而未明的事件。

国内的新闻评论也曾发挥过类似作用。如2017年9月18日、19日、20日，人民网"三评·算法推荐"连续发表3篇《不能让算法决定内容》《别被算法困在"信息茧房"》《警惕算法走向创新的反面》。评论，揭露网络算法推荐可能的弊端，更为算法推荐可能遏制创新敲响警钟。这在当时是一种勇敢、大胆的预测与号召行为。因为算法推荐自1994年由明尼苏达大学GroupLens研究组提出后，已经陆续在全球网络新媒体中得到不同程度的应用，在我国的应用更是普遍，而人民网这三篇有关算法推荐的评论无疑给"迷信算法"的网络平台敲响警钟，也给众多网民提了一个醒，从而能更加合理、规范地使用算法推荐这一技术。

案例

评算法推荐：不能让算法决定内容（一）
2017年09月18日　人民网-观点频道　羽生

每过一段时间，今日头条官方头条号都会发布《反色情低俗处罚通告》，封禁或禁言一批不规矩的头条号。然而，通告能惩一时之弊，却无法阻止又一批违规账号"春风吹又生"。为何色情低俗的内容成了部分智能新闻客户端的顽疾？值得我们深入思考。

以今日头条、一点资讯为代表的智能新闻客户端，凭借强大的算法、先进的数据抓取技术，能够精准分析并解读用户的阅读习惯和兴趣，从而为用户提供量身定制的新闻产品,满足了个性化的需求,顺应了阅读分众化的时代潮流。

然而技术红利的背后,也有阳光照不到的地方。传播色情低俗内容,还只是智能新闻平台在内容分发方面所面临的难题之一。再比如未经科学验证的健康知识、夸大其词的广告、只为博眼球的标题党、过于情绪化的观点乃至毫无用处的信息,都时常出现在智能平台首页的推荐当中。比如有位网友无意点击了一条关于花圈的消息,结果今日头条就连续推送丧葬用品信息,令人不堪其扰。还有网友总结那些劣质的信息可以分为三类:真假难辨,鱼龙混杂;对错不分,价值导向错乱;缺乏深度,内容和观点过于肤浅。

毋庸讳言,内容的野蛮生长,在任何一个时代都存在,其背后有更深层次的经济社会根源乃至人性的因素,不能完全由哪个平台来"背锅"。然而也必须承认,在互联网时代,特别是大数据技术和算法时代,这种野蛮生长被加快了、放大了、凸显了。为什么?原因在于技术、代码、算法替代了传统内容分发过程中专门把关内容的编辑。内容能否推送、推送给谁,都是机器说了算,依据的标准就一条:能不能抓眼球、能不能吸引用户。单一的标准不仅容易忽视优质内容更为丰富的内涵和维度,也增加了把关内容的难度和成本。这也就不难理解,为什么即使事后不断处罚违规的内容账号,却无法停止劣质内容的再次生长。

这些问题,也许最终还是要从算法本身入手解决。据了解,有些智能平台已经意识到问题的严重性,正在开发更先进的技术和算法,超越事后处罚的传统方式,尝试在信息传播的前端加强对内容的把关。或者超越"眼球新闻",将更多有价值的评价标准引入新闻产品的分发过程。此外,"人机结合"有可能是另一种值得尝试的路径。在依靠甚至依赖算法的当下,也可以将更多人工劳动引入其中,看似又回到传统的新闻生产模式,但实际上既发挥了技术的优势,又弥补了存在的不足,实现了人与机器的优势互补。

任何时候,内容推送不能少了"总编辑",再好的传播渠道也要有"看门人",即使在技术为王的时代,也不能完全让算法决定内容。这一方面需要更完善的法律法规、更理性健康的舆论空间,为互联网算法时代的信息传播保驾护航,但更少不了作为内容提供者的智能平台,肩负起应该承担的社会责任,扬长避短,让技术和算法真正造福这个时代。

案例

评算法推荐:不能让算法决定内容(二)
2017年09月19日　　人民网-观点频道　羽生

也许很多人都有如下经历:在今日头条客户端,点击一条茶叶的消息,之后就会不停收到各种关于茶的养生知识和广告推送……大数据兴起，算法越来越高级，技术越来越完善，我们迎来了信息订制化、传播智能化的时代。

毫无疑问，信息的私人订制能满足人们多元化、个性化的需求。智能化的信息传播机制可以快速完成用户与信息的精确匹配，大大降低获取信息成本，为生活带来便利。但换个角度看，算法主导下的内容分发模式，也会带来"自我封闭"的危险。

传播学有种回音室效应，在算法的帮助下，我们可以轻易过滤掉自己不熟悉、不认同的信息，只看我们想看的，只听我们想听的，最终在不断重复和自我证成中强化了固有偏见和喜好。一旦身处这样的"信息茧房"，就再难接受异质化的信息和不同的观点，甚至在不同群体、代际间竖起阻碍沟通的高墙。

近日，一项调查显示，近60%的"95后"在社交网络上屏蔽父母，不少人担心技术的进步反而阻碍了父母和子女的交流，这忧虑不无道理。作为子女，如果连父母都可以屏蔽，如何体现孝道和爱心，如何传承中华民族的优良传统，情何以堪？

必须承认，所谓先进的技术、精密的算法可能会放大某些消极影响。在社会层面，如果我们都沉浸于自己的"舒适地带"自怨自怜，就可能进一步缩减理性、开放、包容的公共空间，从而失去在争议中达成共识的机会。比如共享单车到底是城市交通的革命还是管理的负担？暴走团能不能夜间占用马路？产妇自杀错在家庭还是医院？如果争论双方互相屏蔽，就可能在自说自话中激化矛盾，固化认知，走向封闭，更甚者，演变为群情激奋的互喷和站队，造成人为撕裂，不利于解决问题。

因此，走出"信息茧房"还需进一步强化监管。对于拥有强大算法和技术支撑的信息平台来说，一心"取悦"用户还远远不够，更要自觉执行中央有关政策法规，不能有侥幸心理，任凭暴力、色情等不良信息泛滥，不能借技术深奥之名糊弄网民和群众。此外，全社会要形成共识，既重视科学算法，又齐抓共管，清朗网络空间。

回想互联网兴起之初，信息大爆炸的时代来临，许多人在当时预言：空前开放的时代到来了。然而几十年过去，随着算法日益精密、技术不断提升，智能化的信息分发模式反而把许多人困在"信息的茧房"，失去了探索未知、创造不同可能性的机会。预言与现实的反差，正提醒我们：勇于驶出信息的孤岛，敢于走出知识的一亩三分地，拥抱丰富多彩的世界，才能赢得精彩的未来。

> 案例

评算法推荐三：不能让算法决定内容（三）
2017年09月20日　人民网-观点频道　羽生

不少网友有如下体会：今日头条可能是新闻客户端中信息最全、涵盖范围最广，但也恰恰是内容最杂最乱的手机App，你可以从中读到新闻，也能看视频、直播，还能参与问答，还有众多的自媒体账号。同时，今日头条还能通过技术，从其他信息平台抓取用户感兴趣的内容，直接"为我所用"，从而达到"以一当十"的效果。

然而有这样的便利，却也带来不少问题。据媒体报道，刚过去的7月到8月之间，今日头条陷入5起版权纠纷当中。而就在6月下旬，法院才刚刚判决今日头条侵犯了腾讯、搜狐部分作品的版权和约稿版权。这中间情况复杂，孰是孰非不能妄言。但必须反思的是：拥有精密算法和先进数据抓取技术的智能信息平台，为什么屡屡游走在法律的灰色地带而不能自拔？为什么总在打规则的擦边球？

稍稍回顾人类的历史就会发现，技术的迭代与创新，确实容易突破法律的边界，踏入规则的"无人区"。正如经济学家熊彼特用"创造性破坏"来描述一些具有开创性的工作，突破现有秩序边界，甚至可能构成创新的前提条件。

然而这并不意味着，技术和算法就可以"为所欲为"，随意地突破秩序和规则的底线。一旦失去节制的美德，算法也可能误入歧途，甚至走向创新的反面。有位自媒体作者曾经感慨：智能信息平台的时代即将到来，我们这些靠卖文为生的人，可能就要沦为依赖平台而活的"搬砖工人"了。一旦平台获得如此强势的地位，就可能出现转载原创者的内容而不给予相应报偿的情况，最终只能进一步浇灭原创作者的激情和热爱。

这就说明，智能信息平台带来的最大问题，可能还不是侵权，而是走向创新的反面，甚至可能从根上破坏创新的原动力。

由于智能平台能够轻易掌握大多数人想看什么、爱看什么，并且根据用户需求精准送达信息。带来的问题就是：智能平台可能走向媚俗化，并过度追求"眼球新闻"。对于普通作者来说，如果想在平台上生存下去，就只能一味迎合、取悦，而失去了独立思考、深度观察的能力，进而削弱整个社会的创造力。正如有位媒体创业者所说，搞深度内容还不如去拍搞笑视频，反而能赢得更多点击量。这样的趋势令人担忧。实际上，今日头条上许多的所谓自媒体账号一直充斥着低俗、无下限甚至谣言信息。更有甚者，所谓的算法推送和定制发布，误导一些个地方政府和部门，算糊涂账，花冤枉钱，已经引起广大网友的热议和不满。

避免算法走向创新的反面，需要完善相关法律法规，在执法过程中加强对侵权行为的处罚力度，保护原创者应得的回报；但更重要的，则是需要平台企业肩负起相应的社会责任，在为用户提供便利的同时，更要守住底线、把住红线，呵护整个社会的创新价值。说得通俗一些，智能平台的身上也应流淌"道德的血液"，不能只为眼前的流量而放弃了长远。

借助新闻的某些运作方式意味着新闻评论可以按新闻版的方式进行操作，使抢发新闻、扩大信息量成为一种习惯。比如对于一些公众普遍关注的重大新闻事件，可以通过选题策划、约请相关评论者等进行不同层面的评论；或是通过标题的制作，尽量向新闻靠拢，使它包含更多的新闻要素。这是对新闻评论编辑的要求，新闻评论编辑要比其他编辑具有更多的判断新闻价值的能力，而且还要与一批杰出的评论工作者保持密切的联系，了解他们的思想兴趣和写作风格，这样才能在关键时刻——重大新闻事件发生时，迅速组织最精干有力的人马，在最短的时间内抢出新闻评论，形成舆论冲击力。

用新闻的视角审视新闻评论，突出的是一个"新"字。有没有新的角度、新的思路，有没有原创性和新的认识高度等已经成为当前衡量新闻评论价值的一个重要尺度。这既是对评论工作者业务能力的考验，也是对新闻评论编辑眼光反应的一种检验。

最后，新闻评论的新闻性是由其载体——新闻媒介的性质决定的。

新闻评论作为新闻媒介中的一项重要内容，必须满足新闻媒介对新闻性的追求。如果没有新闻性，它必然会被新闻媒介抛弃，从而失去自身存在的基础。

二、时效性

时效性是由新闻评论的新闻性决定的。它要求评论工作者在新闻事实发生后，马上做出最迅速的反应，用最短的时间完成评论写作，同时以最快的速度传播开去。

2023年3月15日，经"3·15"国际消费者权益日相关报道的曝光，广东汕头"土坑酸菜"又一次引起消费者哗然。这是继2022年中央广播电视总台"3·15"晚会曝光湖南插旗菜业"土坑酸菜"后再度曝光此问题。这次不再是田间地头的土坑，而是在一排排整齐的厂房后面，一块被围起来的土地上，几十个土坑整齐排列，土坑里放着的正是密密麻麻地堆积着数层厚的芥菜。在这些土坑里，几个腌制工人，穿着长筒水鞋，来回于露天的泥土地和腌制坑中，其间没有任何清洗和消毒。在搬运芥菜走进土坑的过程中，散落出来的芥菜被工人一脚踢进土坑。一些腌制工人嘴里叼着香烟，弹着烟灰，烟头被直接扔进了腌制酸菜的土坑里，还有人时不时地向腌菜池里吐出白色不明物体。而在南社村的汕头沐彤园食品有限公司，工人直接赤脚踩在南姜上。被问到会不会辣脚时，工人称"习惯了就不辣了"。时事评论《"土坑酸菜"背后是责任缺失》抓住此事件尚未消退的热度，及时准确地指出："我国《食品安全法》规定，食品生产者应当查验供货者的许可证和产品合格证明；对无法提供合格证明的食品原料，应当按照食品安全标准进行检验。而这些坑人的'土坑酸菜'是如何流向消费者的餐桌？为何质量把关层层失守？怎样防止类似问题再次发生？"同时也给予相关企业和全社会警示："'土坑酸菜'警示我们，责任缺失必会质量失守。食品安全无小事，各方面要齐抓共管、形成合力，堵塞漏洞、深化改革，不断筑牢食品安全防线，让人民群众吃得健康、吃得放心。"

案例

"土坑酸菜"背后是责任缺失

2022 年 3 月 16 日　中央纪委国家监委网站

食品安全是"国之大者"，直接关系到人民群众的生命健康。今年 3·15 晚会，央视曝光了"部分老坛酸菜包竟是在土坑腌制而来"的突出问题，光脚踩、扔烟头、脏乱的生产环境、超标的防腐剂……令人触目惊心。

被曝光的插旗菜业不仅为多家知名企业代加工酸菜制品，还为一些方便面企业代加工老坛酸菜包。该企业标准化腌制池腌出来的酸菜是用来加工出口产品的，老坛酸菜包里的酸菜则是从外面收购来的"土坑酸菜"，而且收购时并不对卫生指标进行检测。

我国《食品安全法》规定，食品生产者应当查验供货者的许可证和产品合格证明；对无法提供合格证明的食品原料，应当按照食品安全标准进行检验。而这些坑人的"土坑酸菜"是如何流向消费者的餐桌？为何质量把关层层失守？怎样防止类似问题再次发生？

对曝光的问题，相关地方、部门和单位已经及时跟进处理。亡羊补牢，犹未晚也。但更为重要的是，要充分认识食品安全问题的极端重要性，抓常、抓长、抓实、抓细，把食品安全的主体责任、监管责任落到实处。关口前移，抓早抓小，防微杜渐，把问题解决在萌芽状态。加强食品生产过程中的动态管理，形成有力有效的跟踪、反馈、处理机制。要举一反三，由点到面进行专项整治，对出现问题的单位和人员，严肃处理、绝不姑息。

各级纪检监察机关要立足职能职责，督促推动责任落实，坚决守住、守好食品安全底线。食品安全问题链条长、涉及面广，要对失责者严肃精准问责，对典型案件进行通报曝光，形成震慑。要加大案件查办力度，查处一批胆大妄为、唯利是图的食品"蛀虫"，并认真剖析深层次原因，推动以案促改、以案促治，针对食品的产、储、供、销等环节建立健全制度机制，对整改敷衍应付、成效不明显、边改边犯等问题，严肃处理，确保整改到位，取得实效。

"土坑酸菜"警示我们，责任缺失必会质量失守。食品安全无小事，各方面要齐抓共管、形成合力，堵塞漏洞、深化改革，不断筑牢食品安全防线，让人民群众吃得健康、吃得放心。

长期以来，关于新闻评论的时效性问题一直是媒体被批评的焦点话题。有人将评论的"失真、粗鄙、简陋"归咎于媒体过分追求新闻评论的时效性，认为"正是因为强调了时效性，才使得评论文章有了原本应该具有的基本价值"。的确，在具体的评论写作中，尤其是在当下一些时评的写作过程中，由于一些时评作者急于抢热点、抢时机，等不及看清事态进一步发展的可能性就匆忙下结论，有的甚至明知新闻事实有误也一味跟风，在新闻评论界乃至广大受众群中造成很不好的影响。特别是一些时评作者的选题往往直接选自网络上发布的新闻，本人没有时间和条件仔细核实分辨新闻消息源的真伪，从而使自己的判断产生偏差和错误，成为不负责任的舆论源，不仅不利于中国社会舆论环境的建设，而且在很大程度上损害了评论的威信与力度。

这里强调了新闻评论的时效性要让位于真实性的基本原则。新闻事件发生了，想一想、等一等，评判一下该新闻的真实性是评论工作者必须要做的一项功课。不顾真实性的底线，盲目追求时效性，很可能会"迎来"新闻官司。

此外，把握好新闻评论时效性的另一个重要原则是不要为眼前的利益去追求时效性，而必须根据新闻评论自身的内在需求将时效性纳入其中。这里，眼前的利益既指评论者一己的私利，也包括媒介机构短期的效益；新闻评论自身的内在需求则是指在一些重大社会事件发生时，人们期待的是对事件性质的判断而不仅仅是事件本身时，新闻评论必须快速反应、辨析事实、回答疑问，指明社会前进的方向。

三、政治性

有过新闻从业经验的人一般都有这样的体会，与其他新闻体裁相比，新闻评论是最要求有政治大局意识、有思想见地与理论涵养的创作。它不能人云亦云、随波逐流，要能说出别人没想到的话，也要能说出别人想说而不敢说的话。新闻评论的政治性主要是就实论虚，摆事实，讲清楚一个道理，哪怕是人人皆知的道理。

案例

没有任何力量能够阻挡中国前进的步伐
2021年9月25日 《人民日报》社论

9月25日，中国公民孟晚舟乘坐中国政府包机返回祖国。这是党中央坚强领导的结果，是中国政府不懈努力的结果，是全中国人民鼎力支持的结果，是中国人民的重大胜利。

事实早已证明，孟晚舟事件是一起针对中国公民、旨在打压中国高技术企业的政治迫害事件。2018年12月1日，在美国一手策划下，华为公司首席财务官孟晚舟在加拿大转机时，在没有违反任何加拿大法律的情况下被加方无理拘押。美方对孟晚舟所谓欺诈的指控纯属捏造。尽管美加一再滥用其双边引渡条约，以法律为借口为其迫害中国公民的行径辩护、开脱，但国际社会都清楚，美加所讲的法律不过是服务于美国巧取豪夺、打压异己、谋取私利的工具，毫无公正性、正当性可言。

在孟晚舟事件上，中国政府的立场是一贯的、明确的。采取一切必要措施，中国政府坚定不移维护本国公民和企业正当合法权益。在获悉孟晚舟被无理拘押相关情况后，中国政府第一时间提出严正交涉、表明严正立场，并第一时间向孟晚舟提供领事协助。此后，中国政府一直强烈敦促加方释放孟晚舟，切实保障其正当合法权益。亿万中国人民发出了响亮的正义呼声。孟晚舟平安回到祖国充分说明，中国共产党、14亿多中国人民、伟大的中华人民共和国永远是中国公民最坚强的后盾。

孟晚舟事件充分表明，中国不惹事，但也不怕事。中国绝不接受任何形式的政治胁迫和滥用司法行为，绝不允许中国公民成为别国政治迫害的牺牲品。中国人民是崇尚正义、不畏强暴的人民，中华民族是具有强烈民族自豪感和自信心的民族。中国人民从来没有欺负、压迫、奴役过其他国家人民，也绝不允许任何外来势力欺负、压迫、奴役我们。任何人、任何势力妄想这样干，中国人民都绝不会答应。

孟晚舟事件的实质，是美国试图阻挠甚至打断中国发展进程。中国所作的努力，维护的不仅是一位公民的权利、一家企业的权益，更是在维护中国人民过上更美好生活、国家实现现代化的权利。透过孟晚舟事件，中国人民更加清晰地看到，面对世界百年未有之大变局，我们必须坚定不移走自己的路，百折不挠办好自己的事，实现高水平科技自立自强，把伟大祖国建设得更加强大。

今天，实现中华民族伟大复兴进入了不可逆转的历史进程。我们深知，越是接近民族复兴越不会一帆风顺，越充满风险挑战乃至惊涛骇浪。我们坚信，始终站在历史正确的一边，始终站在人类进步的一边，不畏风浪、直面挑战，风雨无阻向前进，就没有任何力量能够撼动我们伟大祖国的地位，没有任何力量能够阻挡中国前进的步伐！

2018年12月1日，中国高技术企业华为公司的首席财务官孟晚舟在加拿大转机时，在没有违反任何加拿大法律的情况下被加方无理拘押。经过三年在加拿大的羁押生活，2021年9月25日，在中方的多次协调斡旋下，孟晚舟终于乘坐中国政府包机返回祖国。这篇新闻评论首先指出:"这是党中央坚强领导的结果,是中国政府不懈努力的结果,是全中国人民鼎力支持的结果,是中国人民的重大胜利。"孟晚舟平安回到祖国充分说明,中国共产党、14亿多中国人民、伟大的中华人民共和国永远是中国公民最坚强的后盾。然后,文章上升到政治高度:孟晚舟事件的实质,是美国试图阻挠甚至打断中国发展进程。最后,阐明思想性:"我们坚信,始终站在历史正确的一边,始终站在人类进步的一边,不畏风浪、直面挑战,风雨无阻向前进,就没有任何力量能够撼动我们伟大祖国的地位,没有任何力量能够阻挡中国前进的步伐!"

我们常说新闻评论是媒体的灵魂和旗帜,这种灵魂和旗帜说到底就是一种思想气质、意识观念,它是通过一篇篇评论作品、一个个评论版面来显示、弘扬的。

四、群众性

新闻评论的群众性主要表现在三个方面:

第一,新闻评论的内容总是以群众最关心的话题为主,说群众想说的话。

新闻评论就是对群众普遍关心、热心的话题加以评论,反映了群众舆论的基本倾向。这一特点不仅在网络这样的新媒体中表现得十分明显,在传统媒体如电视、报刊、广播等中也同样如此。一些具有轰动效应的话题,总是被各类媒体、多个评论工作者反复论及。这种轰动性恰恰是群众性的集中体现。新闻评论通过对社会热点事件的评说,实现自身引导社会舆论的功能。

当今新闻评论界有影响力的评论专栏,在评论内容上大多注重从群众性方面着眼。除了《人民日报》的"今日谈"、《文汇报》的"虚实谈"、《羊城晚报》的"街谈巷议"这些小型言论专栏,就连网络新媒体"新京报·快评"这样的中型言论专栏,其成功之道也在于评论主要面向广大群众,抓住与他们密切相关的问题发言,探讨的问题是群众所关心的。

评论前辈邹韬奋先生极为重视评论的群众性。他说:"每篇不到一千字的小言论,在下笔之前,要费很多时间考虑,什么是当前大多数人最关心最焦虑的问题。"沈钧儒在回忆邹韬奋的文章中也说:"从办'生活周刊'到'全民抗战',每周他都要写一篇社论。他曾告诉我,这种文章数虽不多,但是写起来极不容易。因为他自己限定了它的内容一定要讨论当时群众所关心的重大问题,并从各方面加以分析,最后提出解决办法办法。"坚持从群众立场选题发言,使得邹韬奋的言论把握了现实生活跳动的脉搏,代表了群众的声音,因而必然对大众有着极大的吸引力。

> 案例

城管和小贩有说有笑算哪门子罪过？
2008年9月17日　红网　李振忠

　　一名身穿执法队员制服的城管，坐在收售手机的小摊前，戴着一副墨镜，跷着二郎腿与旁边的小贩聊天，网友"24°角"质疑该城管帮小贩守摊，在拍照后将照片发到大渝网大渝吧上。短短2天，该帖子点击率超过7000，上百位网友热议此帖。昨天，记者找到被网友戏称为"跷腿城管"的王某，他已经被南岸区综合行政执法支队开除。（9月16日《重庆商报》）

　　有人指出城管注定是一个新闻富矿，这不，城管又出新闻了，不是打小贩，不是骂游商，而是与小商小贩有说有笑地聊天，但可就奇了怪了，城管整天板着脸有人骂，城管打小商小贩有人骂，城管装备现代化武器有人骂，那么，城管微笑怎么也有人骂呢？城管左也不是，右也不是，你让城管到底往左走，还是往右走？

　　类似的情景其实街头上司空见惯，城管执法走累了，有店主送出马扎子坐一坐，并非罕见的事，一些城管其实是听从上级要求，还城市一个整洁市容。所有的职业人其实都生活在这样一个循环圈子里，为保职业、饭碗，概莫能外，因此说，城管圈子里的人，也有其自身的苦衷，只是圈外的人不能理解而已。某日为迎接检查，城管对小商小贩实施清除，有买菜的老太太责怪城管，为什么不让小商小贩摆摊而耽误其买菜？城管对老人解释说，我听你的还是听上级的？您老给我们开工资？此情景并非杜撰，而是事实，城管无论板着脸掀摊子也好，还是手拿警棍撵小商小贩也好，背后都有管理规定，并非全部是城管个人的喜好。

　　和谐社会并不仅仅是某个社会阶层的和谐，也不仅仅是官僚主义的和谐，而是全社会所有公民都享受经济成果的和谐，小商小贩从事着阳光下艰难的职业，农民从土里刨食，小商小贩从马路上刨食，他们是靠自己的双手养家糊口的群体，不仅城管没有理由对其横眉怒目，所有的官员也应当对其客客气气，只要他们没有违反法律，只要他们遵守交通法规，凭什么对小商小贩一定要冷鼻子冷脸？

　　城管执法不是在法庭上，而是在街头，不是面对罪犯，而是面对小商小贩，即便在与小商小贩聊天时跷着二郎腿又算哪门子罪过呢？正襟危坐地与小商小贩聊天是不是也挺滑稽？何况他已经下班，何况他还是个协管员？协管员与小商小贩的差别只在于一身制服，没有这身制服王某不还是一个普通民众吗？

　　网络监督是个好东西，但也没有必要反应过度，司空见惯的现象尚未被某人偷拍的时候，谁都不说什么，一旦被网络放大之后却要反应过度，这恰恰是一种执政执法的不成熟，想想看，有多少城管、警察以及其他执法人员都可能有这种跷着二郎腿聊天的习惯动作？只要不是正规场合，有必要过度反应吗？更何况一些网友偷拍的目的不过是想赚眼球和点击率，并没有实际监督目的，那又何必凭一张噱头式照片而对一个协管员实施开除呢？

这篇新闻评论的群众性很强，因为它聚焦老百姓关注的两个群体，一是小商贩，二是城管执法人员，这两类人群好像是"水火不容"的矛盾存在，但本文指出"一些城管其实是听从上级要求，还城市一个整洁市容。所有的职业人其实都生活在这样一个循环圈子里，为保职业、饭碗，概莫能外，因此说，城管圈子里的人，也有其自身的苦衷，只是圈外的人不能理解而已。"随后，提出自己的中心观点：城管执法不是在法庭上，而是在街头，不是面对罪犯，而是面对小商小贩，即便在与小商小贩聊天时跷着二郎腿又算哪门子罪过呢？和谐社会并不仅仅是某个社会阶层的和谐，也不仅仅是官僚主义的和谐，而是全社会所有公民都享受经济成果的和谐，小商小贩从事着阳光下艰难的职业，只要他们没有违反法律，只要他们遵守交通法规，凭什么对小商小贩一定要冷鼻子冷脸？同时警告众人，网络监管也不必反应过度，应用平常心看待。

第二，新闻评论应在写作态度上平等亲切，循循善诱，注重从大众的理解力和文章可读性阐发。

《南方都市报》的新闻评论在这方面做得相当出色，它在论述时往往使用谈心式的言辞，好像与读者促膝交流、娓娓而谈、普通大众非常容易理解和接受。比如对于"以房养老"这个与平民百姓的利益密切相关的社会热点问题，且同时是政府工作的重点难点问题，《南方都市报》并没有一味讲大道理、摆大政策，标题就使用谦虚语气：《试点"以房养老"须多"摸一会儿石头"》，然后，针对我国推行"以房养老"障碍颇多进行具体分析，文章坦言："一者，存在社会观念的问题。"接着又说："二者，国外有着更为完善的金融贷款、担保、资产评估等机构，国外无论是机构或个人的信用系统更为完善和健全。"然后进一步分析："在无法解决诸多障碍的情况下，即使是一个试点推行和操作也会面临诸多难题，如'试点'的结论和经验有没有推广价值；是否符合本地实际；是否征询更多的民意和更多的专业机构专家群体参与探讨评估。"最后指出："试点方案不达到极为成熟完善的时机，推行上就宁肯慢些和稳妥些。"

同时，《南方都市报》的新闻评论也善于使用民间俗语、谚语作为论据，以增强说理论证的亲和力和说服力。评论写作中经常运用比喻论证方法，这样就注入了大众化色彩。

> 案例

试点"以房养老"须多"摸一会儿石头"

2012年4月25日　《南方都市报》　毕晓哲

"以房养老",也叫住房反向抵押,贷款人将自己的产权房抵押给金融机构,以定期取得一定数额养老金或接受老年公寓服务的一种养老方式试点业务。(4月24日新华网)

以房养老通俗意义上就是有这种意愿的老年人,将自有房产以"抵押"方式向银行或养老机构获取养老金,以保障老有所养,这是比较新颖的一种养老模式,以试点方式探索实践是社会发展的必然。但作为理念上可行,实践中在我国又没有任何前车之鉴的情况下,即使是试点试行也尤需审慎。

在我国推行"以房养老"障碍颇多。一者,社会观念的问题。老人采取以房养老模式,老人和子女都可能承受"社会道德"方面的风险,如果一个试点仅有极小人群参与的话,试点的普适性和推广性就值得考虑。二者,国外有着更为完善的金融贷款、担保、资产评估等机构,国外无论是机构或个人的信用系统更为完善和健全。这不仅方便"以房养老"模式的申请和办理,也因为风险较小而让相关机构乐于参与。仅以南京市一地而言,个人信用体系远未完善,再考虑到地域交流、经济往来因素,"以房养老"模式执行起来的漏洞不可忽视。

在无法解决诸多障碍的情况下,即使是一个试点推行和操作也会面临诸多难题,"试点"的结论和经验有没有推广价值就值得考量。因此,即使是南京市有关方面敢于充当第一个吃螃蟹的人,在笔者看来也应首先充分考虑本地实际,在先行健全和完善配套性制度措施之后,再行"试"。试点的性质决定了,在不可能完全保证"试点"决策的正确性和科学性的情况下,就需要多一些民意征询、更多一些专业机构专家群体参与的探讨评估,更多一些"摸石头"的时间。

由于参加"以房养老"改革实践的老年人群体,有着更为明显的特殊性。他们大多是因生活无着、无子女赡养等特殊原因才参与"以房养老"模式的,这部分人群的权益更应得到保证,给予他们的"风险"理应降到最低。从这个意义上分析,试点方案未达到极为成熟完善的时机,推行上就宁肯慢些和稳妥些。

第三,新闻评论是"百姓意见的自由市场",大众可以积极参与。

"百姓意见的自由市场"是《中国青年报》的一位评论编辑提出来的,并且他将这一思想贯彻到了自己日常的编辑工作中。这一做法,事实上既体现了中国新闻评论发展的趋势，也反映了目前一些新闻评论把关人的选择。这位编辑如是说："中国青年网的'青年之声'（原'青年话题'）从 2000 年开办至今，已有将近 22 年。它坚持一种定位：即百姓意见的自由市场。当然，在一定的舆论环境下，自由表达观点的愿望可能会受到某种制约，但我们尽可能地让公众的声音自由表达出来。之所以强调百姓，是因为在这个版面上，尽量多地发表普通人的意见。"

特别是网络新媒体时代，新型主流媒体也应该用好 UGC 和 PGC 等代表网友（群众）的信息。UGC 信息是 User-generated Content 的英文缩写，其中文含义是用户生产内容；PGC 信息是 Professionally-generated Content 的英文缩写，其中文含义是专业生产内容。这两者其实都是利用网友生产的各种内容发表意见、表明态度，虽然这些意见代表个人观点，但他们却代表真正的百姓声音。所以，有媒体就有意识地给网友提供一个说话场所，在栏目设置上，专门有一个"观点交锋"专栏。只要你对一个新闻事件有看法，哪怕是只言片语，媒体都尽可能地给你提供说话的机会，这其实也是受众媒介接近权的体现。

案例

观点交锋
2012 年 4 月 18 日　《新京报》

日前，卫生部部长陈竺在出席"慢性非传染性疾病防治策略研讨会"时表示，"将通过深化医改为控烟助力，逐步把戒烟咨询和药物纳入基本医保，基本药物目录也将添加相关药品。"对于陈竺透露的"医保戒烟"计划，各界观点不一。（4 月 17 日《广州日报》）

第一篇：戒烟药物能够纳入医保是好事
杨华云（媒体人）

从医保基金的长期运行看，为戒烟药物付费，是眼前吃小亏，长期有效益的。

卫生部部长陈竺是从疾病的前端，健康和预防的角度来说的。不过这引起很大争议，有人认为，在低水平的医疗保障现实下，尚有很多患病者不能得到有保障的治疗，花费有限的医保基金支付不菲的戒烟费用，并不合理。

事实上，早在上世纪 90 年代，世界卫生组织就将烟草成瘾依赖性疾病纳入《国际疾病分类》，要求各国医生给患者提供帮助。因为戒烟光靠意志力而不依靠药物，成功率不高。

欧美和亚太部分国家已经将烟草依赖作为独立性疾病,并将戒烟药物纳入医保报销目录。

根据中国疾控中心去年发布的调查分析显示,在过去的12个月内,36.4%的吸烟者尝试过戒烟,但其中高达91%的人没有接受任何戒烟服务,使用药物和咨询戒烟的只有3.1%和3%。这个调查也建议将戒烟药物纳入基本医保报销范围,以提高戒烟药物使用率。

但从中国医疗保险制度的设计理念看,从一开始就强调治病,而不是预防疾病。医保制度仅仅为了看病,忽视了健康的制度激励,那么基金永远是不够用的。如果真能将戒烟咨询和药物纳入医保,某种程度上意味着医保理念从"治病"向"维护健康"转变,这是一种积极的变化。

如果从医保基金的长期运行看,医保基金为戒烟药物付费,是眼前吃小亏,长期有效益的。

目前戒烟药物的费用确实较高,半年的费用超过3000元,但与吸烟导致的严重疾病如癌症、中风、心脏病等巨额支出相比,医保需要支付的费用就少多了。如果将戒烟咨询和药物纳入医保支付,短期内可能会出现医保基金的波动,但最终会从戒烟者降低了重病患病率从而节约大幅医保基金中获得收益。

中国吸烟者中人群吸烟率最高的是工人和农民,分别为67%和60%,干部的吸烟率为54%。从人群吸烟率并结合人群人口基数看,如果将戒烟咨询和药物纳入医保支付,普通吸烟者将是主要的受益群体。

第二篇:"医保戒烟"缺少现实操作性
木须虫(公务员)

无论是医保或者药物,都不是推进戒烟的充要条件。

从有利于戒烟的角度来看,"医保戒烟"似乎有几分合理性。

不过,戒烟之于疾病控制的意义,在于预防与保健的作用。进一步讲,如若戒烟纳入医保范畴,即意味着居民用于疾病预防与保健的相应支出,都应该纳入医保。虽然从社会公共福利与保障的角度而言,公共医疗保障到了如此的层次,自然是全民的福音。

但是,医保对象与医疗范围的扩大,还受制于现实的经济基础,有多少钱才可能解决多少问题。现有的医保制度,受财力的限制,病有所医仍然是当前急需解决的现实问题。戒烟入医保必须要越过公共保障普适性与公平性的门槛。

此外,从公共卫生防控的角度而言,推进戒烟有着美好的初衷。然而,戒烟与否或许更多属于个人对健康责任的担当。况且,无论是医保还是药物,都不是推进戒烟的充分必要条件。

无论如何"医保戒烟"并不妥当，至少在现阶段缺少现实操作性。而且，医保之于控烟，并没有必然内在逻辑。应该说，控烟是一项全民的义务，涉及多领域利益的退让。所以，主导控烟部门更该寻求推进控烟的利益调节机制，从限制生产、消费与吸烟的行为上，逐步减轻吸烟对公民的危害。

这篇新闻评论提供了两种相反的观点：一是戒烟药物能够纳入医保是好事，另一种观点则是医保戒烟缺少现实操作性。两位作者从不同角度对戒烟药物是否纳入医保做了相关论述，有理有据，针对当时卫生部部长陈竺在出席"慢性非传染性疾病防治策略研讨会"时表示的"将通过深化医改为控烟助力，逐步把戒烟咨询和药物纳入基本医保，基本药物目录也将添加相关药品"相关政策的可行性表达了自己的观点，也为政府的相关决策提供了必要参考。

不仅媒体的评论专栏如此重视UGC和PGC观点，就是个人专栏写作中，评论作者也会通过种种方式把网友群众拉进来，参与评论的创作。

总之，新闻评论通过群众的参与，使得各种观点、意见能够自由表达交流，充分体现舆论平衡公正的特点，从而使新闻评论乃至新闻媒体为社会大众服务，对促进社会正常、健康地发展起到了良好的作用。可以说，有了大众的广泛参与，新闻评论就真正有了生命力和锐气。

第六节　新闻评论的社会功能

新闻评论能够表达作者对具体新闻事件的特定认识，除此以外，它还能帮助人们通过新闻媒体对于公共事务进行意见交流。

——马少华

案例导入

新规划让老年人老有所为
2019年11月23日　《环球时报》　李长安

为积极应对人口老龄化，中共中央、国务院近日印发《国家积极应对人口老龄化中长期规划》。《规划》提出多项措施，包括要改善人口老龄化背景下的劳动力有效供给，构建老有所学的终身学习体系，提高我国人力资源整体素质。中国有句俗语，"姜还是老的辣"。如何让仍有余力且乐于工作的"老姜"发挥作用，这值得我们思考。

从国外经验来看，面对老龄化浪潮的冲击，大多数国家采取的重要措施之一，就是积极开发老年人力资源，以扩大劳动力市场的有效供给。他们的主要做法是延迟退休年龄，比如发达国家普遍执行 65 岁以上的退休年龄，少数国家如以色列甚至达到 70 岁。在重度老龄化国家日本，政府也已通过法案，将从 2020 年 4 月之后将退休年龄提高到 70 岁。值得注意的是，许多发展中国家的退休年龄也大多超过 60 岁，比如与中国发展阶段相似的阿根廷、巴西等国，退休年龄也都比中国要迟。

从实际效果来看，老年人力资源的开发在一定程度上缓解了劳动力短缺的难题。日本政府针对老年人劳动力市场的具体情况，积极推进老龄人雇佣政策。统计数据显示，2018 年日本 65 岁以上的老年人就业人数达到 862 万人，占总就业人数的 13.8%，连续 14 年增加。

目前，中国的老龄化程度正在快速发展，而劳动力"无限供给"的阶段早已结束。从 2012 年开始，我国的城镇新增劳动力开始出现了绝对量的减少，至 2018 年已经减少了约 2600 万人。从长期来看，由于人口出生率的持续下降，未来劳动力有效供给出现相对短缺也是大概率事件。不仅如此，人口快速老龄化带来的人口红利缩减、社会保障负担加重等问题，正在成为影响中国经济社会继续高质量发展的挑战。

正是在这种情况下，大力开发老年人力资源市场就显得格外重要。由于种种原因，我国是目前世界上退休年龄最早的国家之一，平均退休年龄还不到 55 岁，很多人甚至在 50 岁以后就开始过起了"跳广场舞"的老年生活。据统计，目前我国 60~65 岁低龄老人的数量大约有 8300 万。假如延迟退休政策能够顺利出台的话，那么我国劳动力市场当中的人力资源供给将大大增加。

当然，在国家规定政策之外，老年人退休后重新投入工作主要应该靠激发其兴趣和让其认识到继续工作能够带来的收获。因此，加快构建老有所学的终身学习体系也十分必要。进一步完善老年人教育培训体系，调动其主动学习的积极性，通过学习和技术设备辅助，可以投入一个全新的岗位。同时加大对老年人教育培训的财政扶持力度，积极引导社会资本加入其中。

总之，从经济社会发展的角度看，老年人将来不仅不会成为社会负担，随着《规划》的实施，他们将变成重要资源和财富。当然，老年人力资源开发应当遵循循序渐进、弹性和自愿的原则，在充分尊重全体民众劳动权和选择权的前提下，逐步推进和稳步实施。

我们之所以说新闻评论重要，是因为它能够引导社会舆论、促进社会进步，对社会都起着安定团结的作用。具体来说，新闻评论的社会功能体现在以下几个方面：

一、认识宣传功能

新闻评论，尤其是党委机关与一些重要媒体的新闻评论，须传达上级领导的指示和意见，领会党政机关的思想和政策，这对于贯彻落实中央的精神、指导本地区的工作是有好处的。

案例

人民日报元旦社论：决胜全面小康 迈向新的征程
2020年1月1日 《人民日报》

大江流日夜，慷慨歌未央。新中国在凯歌行进中走过70年，迈入全面建成小康社会之年，迎来实现第一个百年奋斗目标的重要时点——2020年。

这一年，中华民族千百年来的绝对贫困问题将历史性地划上句号，如期实现第一个百年奋斗目标。近14亿人口的大国实现全面小康，这是人类历史上的里程碑事件。

这一年，我们将为实现第二个百年奋斗目标打好基础，乘势而上开启全面建设社会主义现代化国家新征程。这既是决胜期，也是攻坚期。

全面建成小康社会，是我们党向人民、向历史作出的庄严承诺。在这一年，确保全面建成小康社会圆满收官，意味着中华民族的千年愿景、亿万人民的共同期盼将如期实现，中华民族伟大复兴将迈出关键一步。这在中华民族发展史上具有重大意义，在世界历史、人类社会发展史上也具有重大意义。

习近平总书记指出："今天，社会主义中国巍然屹立在世界东方，没有任何力量能够撼动我们伟大祖国的地位，没有任何力量能够阻挡中国人民和中华民族的前进步伐。"在新的一年里，以必胜的信念、昂扬的斗志、坚毅的行动，决胜全面小康，迈向新的征程，是历史赋予我们的重任。

决胜全面小康、迈向新的征程，让我们坚定信心。回首2019年，我们不仅取得全面建成小康社会新的重大进展，而且完成新中国70年辉煌的历史书写。这70年，中国人民发愤图强、艰苦奋斗，创造了"当惊世界殊"的发展成就，推动伟大祖国实现了史诗般的进步，书写了人类发展史上的伟大传奇，中华民族迎来了从站起来、富起来到强起来的伟大飞跃，迎来了实现伟大复兴的光明前景。新的征程上，坚持用辩证思维看待形势发展变化，善于把外部压力转化为深化改革、扩大开放的强大动力，集中精力办好自己的事，中国号巨轮定能乘风破浪、行稳致远。实践已经证明并将继续证明，中国人民一定能，中国一定行！

决胜全面小康、迈向新的征程，让我们勠力同心。走过70年，我们之所以能成功开辟中国特色社会主义道路，推动中国特色社会主义进入新时代，创造世所罕见的经济快速发展奇迹和社会长期稳定奇迹，实现了一个又一个"不可能"，最根本的在于党的坚强领导。实践充分证明，中国特色社会主义制度是当代中国发展进步的根本保证，党的领导是中国特色社会主义制度的最大优势。有了党的坚强领导，国家治理就有了坐镇中军帐的"帅"，现代化建设就有了坚强的"领航者"，亿万人民就有了众志成城的"主心骨"。面对全面建成小康社会的决胜一程，面对全面建设社会主义现代化强国的宏伟蓝图，发挥党中央集中统一领导的定海神针作用，全面贯彻党的十九届四中全会精神，把我国制度优势更好转化为国家治理效能，凝聚亿万人民心往一处想、劲往一处使的强大合力，我们就能创造得到人民认可、经得起历史检验的实绩。

决胜全面小康、迈向新的征程，让我们勇毅笃行。当今世界正经历百年未有之大变局，实现中华民族伟大复兴正处于关键时期。船到中流浪更急，越是艰险越向前。奋斗征程上，有党的坚强领导和中国特色社会主义制度的显著优势，有改革开放以来积累的雄厚物质技术基础，有超大规模的市场优势和内需潜力，有庞大的人力资本和人才资源，有全党全国同心同德、开拓奋进，我们完全有能力战胜各种风险挑战，书写更新更美的时代篇章。奇迹是干出来的，社会主义是干出来的。今天，中国共产党和中国人民有雄心、有自信继续奋斗，确保全面建成小康社会，向第二个百年奋斗目标胜利进军，在新征程上创造新的更大奇迹。

"大舸中流下，青山两岸移"。从全面建成小康社会到基本实现现代化，再到全面建成社会主义现代化强国，是新时代中国特色社会主义发展的战略安排，是中华民族实现伟大复兴的历史大势。让我们更加紧密地团结在以习近平同志为核心的党中央周围，增强"四个意识"、坚定"四个自信"、做到"两个维护"，不忘初心、牢记使命，锐意进取、开拓创新，坚决夺取全面建成小康社会伟大胜利，迈向伟大征程，实现伟大梦想！

《人民日报》的这篇元旦社论对过去的 2019 年进行了深刻总结，也对新的 2020 年做出政策上的全面部署，即"从全面建成小康社会到基本实现现代化，再到全面建成社会主义现代化强国，是新时代中国特色社会主义发展的战略安排，是中华民族实现伟大复兴的历史大势。"因此，围绕"决胜全面小康"和"实现第二个百年奋斗目标打好基础，乘势而上开启全面建设社会主义现代化国家"相关政策的落实肯定就是 2020 年我国全党的工作重心所在，也是衡量我国社会发展的重要指标。很显然，这篇社论发挥了积极的引导作用和动员作用。

二、教育解惑功能

我国正在经历经济转轨、社会转型过程，在这一进程中，广大民众会遇到一些从前未曾遇到过的棘手事情：有许多不明白、不清楚的地方，需要有人释疑解惑。发展中的社会有许多问题摆在民众面前，只有解决这些问题，社会才能更快地进步，新闻评论对此有不可推卸的责任。

网络新媒体时代，由于一些畸形审美如"白幼瘦"观念的不良影响，青少年往往很注重自己的身材和外貌，有些青少年为了减肥不幸患了厌食症，不仅如此，这股"白瘦幼"之风还席卷校园，导致不少青少年容貌焦虑和身材焦虑。《新京报》对此事及时进行了评论："美从来不应该被标准化定义。极端追求'白瘦幼'，排斥正常体型身材，是一种狭隘的审美"，并教育广大青少年和家长："极端减肥不可取，盲目追求'白瘦幼'只会害了自己。对于中小学校园盛行的节食减肥风气，不仅家长要提高重视、及时干预，学校也要尽到教育职责。"此外，《新京报》还在文末进行了总结，亮明中心论点："如果世界上只剩下了一种审美，那便再没有了美。青少年思想、观念还不成熟，容易受到外界和他人的影响，更应该坚持自信刚强，不被畸形的审美所左右。在成长的过程中，要树立远大理想抱负，以独立自主的姿态激扬青春，做自己身体真正的主人。"这无疑是给持有"白瘦幼"畸形审美观的人们上了深刻的一课。

> **案例**

15岁女孩因厌食去世，"白瘦幼"校园风气需警惕
2023年5月26日　《新京报》　南木

近日，在一部医疗纪录片中出现的神经性厌食症病例引起公众关注。

患者小玲是一位15岁女孩，身高165厘米，体重却只有24.8公斤。经过20多天的入院抢救后，该患者仍不幸去世，去世前被形容为"轻得像一床被子"。在纪录片里，小玲身材焦虑的来源，是自己喜欢的男生，喜欢了一个比自己更瘦的女孩。

厌食症是一种心理疾病，病因复杂、涉及多种因素。但正如该纪录片导演在手记中所言，"为了追求极致身材甚至不惜以生命作为代价"，不科学、无节制地减肥，是引发神经性厌食症不容忽视的因素。

在网络上，"白瘦幼"常常被用来形容皮肤白皙、身材纤瘦的年轻女性。根据中国新闻周刊的报道，从小玲和其他未成年人极端减肥的案例来看，"白瘦幼"审美已有低龄化趋势，节食减肥、身材焦虑现象也渗透到中小学生群体。有的未成年人即使已经很瘦了，还会认为自己胖，甚至节食减肥"成瘾"。

美从来不应该被标准化定义。极端追求"白瘦幼",排斥正常体型身材,是一种狭隘的审美。在社交网络上,一些不符合"白瘦幼"标准的照片或视频被人指指点点,发表恶意评论,更是助长了偏激审美意识的传播。

中小学生正处于生长发育快速阶段,通过培养健康饮食习惯、安排合理膳食结构,才能打好身体健康的底子。违背科学规律的减肥,不仅可能在短期内影响身体健康状况,诱发各类疾病,甚至可能留下一辈子的后遗症。

这些道理,很多沉迷于减肥的青少年不会不明白,可是,在身材和健康之间,不少青少年还是选择了前者。当患上厌食症,可谓为时已晚,不得不花费时间、精力和金钱进行康复治疗,而且病情可能反复,甚至导致如纪录片中女生那样的悲剧。

"白瘦幼"何以成为风潮,部分商家的炒作难辞其咎。推崇"白瘦幼"审美的商业力量,可能是减肥机构、医美机构,可能是主推"小码"服装的流行品牌,却无一例外能从这种审美思潮中获益,通过传播身材焦虑扩大市场影响,而缺乏对牺牲消费者健康应有的反思。

尤其在这个"可视化"成为媒介主流方向的时代,由无数影像堆积而成的网络舆论景观,时时刻刻暗示受众"我不够瘦""只有穿得上小码才更美"。受这种网红经济的驱使,只有符合"白瘦幼"标准的形象,才有机会被推到台前,而当"白瘦幼"转化为看得见摸得着的流量收益,就会有更多人起而模仿。

极端减肥不可取,盲目追求"白瘦幼"只会害了自己。对于中小学校园盛行的节食减肥风气,不仅家长要提高重视、及时干预,学校也要尽到教育职责。比如,在日常教育中强调学生互相尊重,不以身材、长相去评价人,更要严肃处理"身材霸凌"的校园恶性事件。

如果世界上只剩下了一种审美,那便再没有了美。青少年思想、观念还不成熟,容易受到外界和他人的影响,更应该坚持自信刚强,不被畸形的审美所左右。在成长的过程中,要树立远大理想抱负,以独立自主的姿态激扬青春,做自己身体真正的主人。

教育解惑是新闻评论的一项重要任务。在这个过程中,选择哪些问题作选题才能说得清楚,才能有利于社会的发展和进步,这很关键,否则不仅问题没得到解决,反而引起人们的心理抗拒,引发社会问题,这是新闻评论的写作者需注意的。社会现象纷繁复杂,社会问题千奇百怪,哪些问题需要讨论、可以讨论、值得讨论,哪些问题经过讨论可以解决,写作者都应该掌握。

三、监督协调功能

新闻评论作为一种舆论监督的工具，它凭借理论的深刻、意见的直接、态度的鲜明，比消息报道更能有效地发挥对社会问题的批评和鞭策作用，它是我们实行监督的重要传播形式。

案例

综艺节目需来一次安全升级

2019 年 11 月 28 日　《新京报》　韩浩月

11 月 27 日凌晨，某演员在录制一档真人秀节目时晕倒，中午时分节目组发声明证实：该演员送医院后抢救无效去世，为心源性猝死。去世消息传出后，很多网友表示惋惜、震惊，并对综艺节目的强度设计、录制流程、安全保障等各个方面提出质疑。27 日晚，该节目所属卫视就此事发布声明。声明表示，对意外造成的无法挽回的严重后果深感遗憾和惋惜，并愿承担相应责任。

其实在此之前，社交媒体上就时有对该综艺节目录制的吐槽声音；该演员去世，让更多有关该综艺节目录制的幕后状况被曝光，也让这一业内现象变成一桩公众事件。只是，以一条人命来推动综艺节目的录制安全进入公众视野，代价未免太大。

据网友描述，该演员参加录制的节目是运动闯关性质，所设置的关卡，很是消耗体力，且存在徒手吊威亚爬楼这样的危险设计。普通明星要完全凭借意志力才能熬过去。

而另据负责过安全管理的业内人士透露，"拖时间""熬夜录制"等非正常录制手段，让国内综艺制作进入了畸形状态。而这种状态几乎绑架了所有人，不但参与录制的明星嘉宾遭罪，工作人员、现场观众、媒体记者都跟着"陪绑"。

冰冻三尺非一日之寒，综艺竞争之激烈，是多个播出平台、无数制作团队比拼收视率的结果，也是不断迎合观众求变求新口味的结果。

在一些网友看来，明星录制综艺是项简单容易、报酬高、来钱快的工作，但那也仅限于少数的一线明星。对于没有太强议价能力、在影视寒冬中又渴望得到工作机会的其他明星来说，接受挑战其实也是为数不多的出路。

至于"挣钱那么多，强度高一点也是应该的"这样的观点，表面上看是成立的，但当强度影响到生命安全的时候，这一观点显然就变得太过凉薄。毕竟，生命无法用金钱来衡量。

有一个细节不得不提：据报道，该演员持续录制节目 17 小时，晕倒前一刻喊"我不行了",如果不是情况紧急送医,而是在现场缓过来的话,这没准儿会成为该期节目的一个看点。毕竟,类似状况,在以前的竞技类真人秀节目里,也不是没出现过。

当然,该演员的死因现在还没有明确的结果,将所有责任推及涉事综艺节目,未必客观。至于具体的责任划分,我们也不妨等待后续专业调查与分析结果。只是,由该演员之死而表露的一些综艺节目高强度、轻安全保障的弊端,或许真的到了需要审视的时候了。

欧美日韩在综艺发达阶段也有过过快的录制节奏,但近年来已完善了节目制作规定,诸如搭建装置需要有明确的技术指标、自带救护车等。而国内的综艺内容生产,在安全方面还比较滞后,安全防备更多时候停留于形式,比如在此事上,很多人就质疑节目方为何没有配备AED(自动体外除颤器),从而错过了救治该演员的黄金时间。

该演员录综艺节目去世这个悲剧,提醒国内综艺制作业,录制环境与制作思维,都应该进行一次安全升级了。配备应急医生、药物与设备,参与人数多的大型录制现场最好有救护车,这些都应被当成基本的常识来对待。

此外,还要对录制的综艺节目进行安全级别评定,最好邀请专业的安全机构给出建议,在安全防护方面,宁可设置冗余也不要匮乏。

综艺本身的价值是提供娱乐,因此不妨在制作的过程中,别那么紧张地赶时间、赶进度,连续工作乃至熬夜工作不能成为常态。娱乐,归根结底是个轻松的事,明星敬业值得尊重,但拿命来拼,甚至付出生命代价,这样的结果不是观众愿意看到的。

这是一篇旗帜鲜明地表明"综艺节目需来一次安全升级"的专栏评论,其内容深刻剖析了某艺人在综艺节目中猝死的原因,即"该演员参加录制的节目是运动闯关性质,所设置的关卡,很是消耗体力,且存在徒手吊威亚爬楼这样的危险设计"。不仅如此,"'拖时间'和'熬夜录制'等非正常录制手段,让国内综艺制作进入了畸形状态"也是其猝死背后的重要成因。所以,在末尾处该评论提醒相关部门和综艺制作方:"该演员录综艺节目去世这个悲剧,提醒国内综艺制作业,录制环境与制作思维,都应该进行一次安全升级了。配备应急医生、药物与设备,参与人数多的大型录制现场最好有救护车,这些都应被当成基本的常识来对待。"最后,评论提出建议:"要对录制的综艺节目进行安全级别评定。"这篇评论分析原因有理有据、发挥监督协调功能有的放矢并能一语中的地提出可行性措施。

四、"公民讲坛"功能

党的领导是人民当家作主和依法治国的根本保证,人民当家作主是社会主义民主政治的本质要求。那么如何实现人民当家作主呢？——最广泛地动员和组织人民群众依法管理国家和社会事务，管理经济和文化事业，维护和实现人们群众的根本利益。利用新闻媒体表达意见是公民有序地参与政治、保证依法实行民主管理和民主监督的重要形式。现在，不少传统媒体和网络新媒体除了开辟社论、本报评论员、编辑部文章等栏目外，大都开辟了群众广泛参与的评论栏目。这些栏目的开设，使群众有机会对发生在自己身边的事或自己经历的事、自己接触的事发表意见，这对于提高公民的参与意识是大有好处的。

案例

科技下乡激活内生动力

2021年12月24日　《人民日报》"人民来论"　李东雪（河北邢台）

曾经，广西壮族自治区天峨县令当村很贫困，村里的地"碗一块，瓢一块，一个草帽盖三块"。如今，在"科技+产业"的助力下，令当村发展成为当地小有名气的"产业村"。

扶贫先扶智、科技促增收。令当村的变化，得益于自治区科技厅充分发挥涉农高校和科研院所的技术力量，在村里培育和发展高山果蔬等特色优势产业。近年来，广西着力推动科技进村入户，助力增产增收，按照"提能力、建队伍、送科技"的思路，服务当地特色产业发展需求。开展专题培训、指导一线生产、推广实用技术、引进科技成果……一系列举措，把先进的生产技术送到千家万户。有了技术指导，山区群众不用外出务工，在自家门口就能实现增收致富。科技资源有效转化为致富动能，切实促进了农业增效、农民增收，村里的生活越来越好。

农业出路在现代化，农业现代化关键在科技进步。以科技下乡推动农村产业绿色化、优质化、特色化转型，将进一步激活乡村振兴内生动力，铺展开"产业兴旺、生态宜居、乡风文明、治理有效、生活富裕"的美丽乡村画卷。

案例

临期食品降价别降监管

2021年12月24日 《人民日报》"人民来论"　吴学安（江苏连云港）

社交网站上，分享临期食品消费心得的参加者已达3万余人；购物平台上，相关网店经营不到两年，已有几十万粉丝；线下的商场超市，采用更为直接的"倒计时"定价法，加速临期食品的售卖……"用打折的价格，吃到不打折的美味",一段时间以来,临期食品成为新的消费热点。

拒绝浪费、倡导节约,是社会共识。此前,江苏南京一家面包店因扔掉品相不好和当天未能售出的面包受到网友批评,并被监管部门责令改正。新出台的反食品浪费法规定,"超市、商场等食品经营者应当对其经营的食品加强日常检查,对临近保质期的食品分类管理,作特别标示或者集中陈列出售",为处理临期食品提供了法律遵循。

与此同时,也有人认为,临期食品"就要过期""品质下降",为省钱而影响健康得不偿失。这种担忧也是一种提醒,临期食品价格可以降低,但食品安全丝毫不能放松。兜牢品质底线,畅通销售渠道,让临期食品物尽其用,更好促进买卖双方互利互惠,才能进一步建设好资源节约型社会,实现绿色、可持续发展。

"人民来论"是《人民日报》开辟的一个广纳百姓意见和建议的"公共论坛"。第一篇来论关注科技下乡,指出"以科技下乡推动农村产业绿色化、优质化、特色化转型,将进一步激活乡村振兴内生动力,铺展开'产业兴旺、生态宜居、乡风文明、治理有效、生活富裕'的美丽乡村画卷";第二篇来论关注临期食品问题,指出"临期食品价格可以降低,但食品安全丝毫不能放松。兜牢品质底线,畅通销售渠道,让临期食品物尽其用,更好地促进买卖双方互利互惠,才能进一步建设好资源节约型社会,实现绿色、可持续发展"。

媒体开设新闻评论栏目,为尊重和保障公民充分发表意见的权利提供了方便。随着网络媒体的迅速发展,人们看问题的视野会越来越广阔,思考问题的角度也会越来越丰富,发表意见的趋向也会越来越多样化,认识问题的层次也会越来越深刻。这一切都将有力地推动社会进步,同时也对新闻传媒开设新闻评论栏目提出了更高的要求:既要满足人民群众参于时事讨论的需要,同时又要正确地予以引导,使公民在有序参与的轨道上充分行使自己的权利。

课后练习

一、名词解释
1. 新闻评论
2. 深度报道

二、简答题
1. 新闻评论与深度报道的区别在哪里?结合近期你关注到的媒体上的热点现象,用一个例子来说明。

2. 结合具体事例谈谈新闻评论的时效性。
3. 结合具体实例谈谈你对新闻评论"大众性"的理解。

三、操作题

留意你身边发生的新问题、新现象，用 200 字左右的篇幅根据这一现象写一篇新闻报道，再完成 800 字左右的新闻评论。

第二章

媒介融合时代新闻评论的坚守与改变

本章学习要点：

1. 媒介融合时代新闻评论面临的挑战
2. 新闻评论写作能力

当前，中国正处于社会的转型期，社会物质文化与精神文化不断发展的同时，社会的思想也更加多元化。新闻评论作为当代公民表达的重要手段，是维系社会平稳发展、弘扬社会主义核心价值观的重要思想源泉。

媒介融合时代，万物皆媒，人人皆具话语权、表达权。面对新的舆论环境，新闻评论实践必须有所转型和跨界，但在拥抱变化的同时，新闻评论还应坚守基本的价值观，在守正中找到新的平衡点。

案例导入

大学生"懒癌"得治！
2017年1月19日　《人民日报》

清晨，大学图书馆还没开门，等待入馆学习的大学生就在门口排起了长龙。学生们不顾连夜刷题、通宵复习的"辛苦"，只为得到一个能够待一整天的自习位。可惜的是，这样"勤奋学习"的场景只有在期末考试临近时才会出现。

对一些平时浑浑噩噩的学生来说，"及格万岁"的目标也不那么容易实现。前段时间，湖南某大学老师严格按照标准改完物理试卷后发现，全班77份试卷中，只有不到1/3的学生卷面成绩达到了及格线，相当一部分学生只拿到二三十分。这样的消息，令人担忧。

不知从何时开始，怠惰、拖延的"症状"开始在校园里传染开来：公共课不愿上，选修课不想上，专业课坐在教室刷手机；翘课成习惯，活动不参加，整日宅在宿舍"葛优躺"；交作业、写论文，不挨到最后一晚不动笔，复制粘贴、东拼西凑、应付了事……对这种状态，网上有一种流行的调侃，称这种"懒到家"的状态为患上了"懒癌"。可悲的是，失去了奋斗的方向、没有了前进的动力，这些学生就像"脱线的风筝"，虚度着大好青春。

大学生本应是青年中的佼佼者，是勤学上进的代表。患上"懒癌"的大学生如此普遍，社会不可等闲视之，学校不能放任不管，学生更不能自暴自弃。

治疗"懒癌"，首先要解决思想问题。许多学生进入大学后，一下子失去了升学和应试的紧迫感，变得有些不知所措。于是就出现了一些"今朝有酒今朝醉"的及时行乐者和"当一天和尚撞一天钟"的得过且过者。人生在世，享受生活的乐趣本无可厚非，但人生的意义必须在当下寻找、在实践中证明，否则就是镜花水月。当今的社会环境给了年轻人实现梦想的土壤，无论是做创业创新的急先锋，还是在平凡的岗位上默默奋斗，或是扎根山区、服务基层，都是人生的一种选择。有志不在年高，无志空活百年，给自己定个目标，并朝着这个方向前行，自然没有时间犯困犯懒，也不会感到无所事事。

治疗"懒癌"，就要认识到成长是一个循序渐进的过程。一些大学生觉得读书没用，于是"三天打鱼，两天晒网"。可读书之"用"并不是立马见效的，而是一个长期的过程。青年学生正处在一个沉淀的阶段，不能一心只想着"质变"，更要注重"量变"的积累。在中国南方，有一种毛竹，在最初的几年，当其他树木蒿蔓生长的时候，它几乎没有变化。但几年之后，它会在短短几个月内疯狂生长，很快超过其他树木。之所以如此，是因为在前几年的时间里，毛竹都在深深地扎根，在不断积蓄着迸发的力量。天下大事，必作于细。脚踏实地、埋头苦干，才有可能收获不平凡。

治疗"懒癌"，与自己的惰性作斗争，少不了"咬牙地坚持"。有人说，如果你在前进的道路上碰到了敌人，那说明你走对了路。"天将降大任于是人也，必先苦其心志，劳其筋骨"，如果遇到一点阻碍就畏缩不前、轻言放弃，没有一点"刮骨疗毒"的勇气，那懒惰就无法根除。青年时代，多经历一点摔打、挫折、考验，未必不是一件好事。尤其是在经历了痛苦、难挨的时光后，当你蓦然回首，将会发现每一个曾经奋斗的日子都是如此宝贵。

青春是用来奋斗的，不是用来浪费的。当代中国大学生所在的舞台空前广阔。年轻学子只有彻底清除思想上的"病症"，振奋精神、积蓄力量、永不言弃，青春才能出彩！

阅读此文，你认为当前新闻评论呈现了哪些特点？为什么会有这些特点？

第一节　泛媒时代新闻评论面临的挑战

评论不再为专业人士所独占，而是走向大众。大众写，大众看，大众参与讨论。
——米博华

新媒体的发展带来信息传播方式的革新，人类即将进入以虚拟技术为代表的沉浸传播时代，5G 技术的全面运用也将形成新的媒介生态结构。

李沁在《"第三媒介时代"新闻价值的定位与建构》一文中提到，第三媒介时代的新闻价值是融合生活、工作、娱乐于一体的价值导向，是一个以技术进步服务于人的信息需求，无时不在、无处不在的动态过程。所谓的"第三媒介时代"是相对于第一媒介时代和第二媒介时代而言的，以沉浸传播为主要特征，强调以人为中心，无时不在，无处不在，无所不能。所谓"第一媒介时代"，指以阅读、收听、观看为主，是单向被动的大众传播时代，"第二媒介时代"则是基于交互性的分众传播时代。

在这样的大背景下，新闻价值的偏向发生了变化。同样，以传统媒体为主要载体的新闻评论面临新的冲击与洗牌。

一、技术赋权：媒体"权威性"减弱

新媒体"去中心化"的特性打破了传统媒体的"信息垄断"，受传双方之间的信息平等初步实现。

技术赋权之下，信息的生产和发布、获取成本降低。一方面，这种赋权扩大了用户的信息渠道，他们可以在任何一个平台获取想要的资讯，在一定程度上加速了知识平权；另一方面，这种碎片化的内容也在一定程度上瓦解了媒体的职业"权威"。

新闻评论参与主体多元化虽然有利于打通"两个舆论场"，但值得警惕的是，即便这些内容水平参差不齐，多数网友对此还是一无所知或并不在意——网友更在意的不是某个观点是否理性、是否有逻辑，而是这个观点是否"让我觉得开心"。

当前的传播面临从"个性化"到"定制化"的转变，个人门户成为信息传播的主要阵地，专业媒体不再是信息的垄断者和唯一的把关人，传统媒体的"权威性"减弱的同时也带来了一些新的问题。其中，信息真实性遭到冲击，舆论反转频发现象表现最为明显。

随着互联网的出现和发展，网络舆论成为社会舆论不可忽视的重要组成部分。在自媒体广泛应用以后，由于信息发布主体的泛化，信息的真实性受到冲击。一方面，个别自媒体过分追求流量，以"情绪传播"代替"事实传播"，以只言片语代替全面的新闻报道；另一方面，技术赋权之下，新闻传播的时效性表现为由"即时性"向"全时性"转变，一些自媒体人未做事实核查就急于抢发，也在一定程度上影响了新闻信息的真实性。

与此同时，部分公众欠缺媒介素养，没有事实核查的习惯，很容易在事实尚未清楚之前发表评论，因此在一些重大突发事件或公共事件中，时常出现舆论反转现象。比如2022年年初的"刘学州事件"，部分网民在事情尚未查明之前发表过激言论，甚至进行网络暴力，最后导致了悲剧发生。

刘学州，一个年仅15岁的河北男孩，在"寻找被拐儿童"话题被全民关注的情况下，他寻找亲生父母的事情也借助了这波热点，进入了公众视野。

在各方力量帮助下，刘学州顺利找到亲生父母，但寻亲成功却被亲生父母排斥，后续因为"买房"事件被生母拉黑、被"不明真相"的网友网暴。他称："自己并未提到买房，只是想要一个家。"2022年1月24日凌晨，刘学州在微博上留下一封遗书，阐述了自己漫长苦涩的童年后，心灰意冷的他最终选择了服药自杀。两天后，对于这个事件的讨论仍在发酵，某网络社交平台也在此前回应，决定对排查出的1000余名在此期间发送私信的用户暂停私信功能。

在"刘学州事件"中，由于"人人都有麦克风"，每个人都可以用自己喜欢的方式发表内容，一些情绪化内容更容易被人看到，被转发。因此个别账号基于"流量"与"热度"的考虑而进行的谣言传播反而被追捧，这一定程度上也消减了传统媒体的权威性。

刘学州自杀后，网络上兴起一股反思之风。主流媒体也针对网络暴力、网络造谣等话题展开讨论，其中，《检察日报》发表评论《网暴入刑不是问题，有效落地是根本》，就是在这一背景下展开的评论。

案例

网暴入刑不是问题，有效落地是根本
2022年1月27日　《检察日报》　王昱璇

刘学州，一个来自河北的年仅15岁的男孩。1月24日凌晨，这个男孩在微博上留下一封遗书，阐述了自己度过漫长苦涩的童年后，寻亲成功却被亲生父母拉黑排斥，继而又接连遭受网暴。心灰意冷的他，最终选择了服药自杀。两天后，对于这个事件的讨论仍在发酵，某网络社交平台也在此前回应，决定对排查出的1000余名在此期间发送私信的用户暂停私信功能。

浏览刘学州事件的相关报道，探寻这个无辜少年悲剧发生的前因后果，公众对此事件的反思有很多，其中一个不容忽视的重点就是——呼吁网暴入刑。在互联网飞速发展的今天，网络暴力的犯罪成本越来越低，而带来的杀伤力却极强，藏于网络背后的一个个肆无忌惮的个体，把网络社交平台变成网络暴力的温床。

实际上，网暴入刑并不是问题。英雄烈士保护法对侮辱、诽谤英雄烈士的姓名、肖像、名誉等行为，明确提出构成犯罪的，要依法追究刑事责任，虽然网暴现实中更多指向的是不同于英烈的普通群体，但背后的逻辑却是相同的。揭开网络暴力的面具，可以发现网暴有其独有的特点，例如空间虚拟性、主体隐蔽性、影响广泛性、危害严重性等，但也有和刑法所规定的诽谤罪、侮辱罪相同的犯罪构成要件，而在其中，唯一不同的是，网暴的犯罪手段是利用了互联网媒介进行传播。

因此，如何在刑法不缺位的情况下，让本就不成问题的网暴入刑不再成为公众屡屡提及的口号就显得格外重要。

由于诽谤罪和侮辱罪一般是自诉案件，按照刑法有关规定，如果被害人自己不能告诉的，检察机关和被害人的近亲属可以告诉；被害人如提供证据确有困难的，公安机关可以提供协助。或许，在网络空间的语境下让网暴落入刑法规制，加强网络社交平台和司法机关的衔接互通不失为一个有力举措。

网络社交平台因为有后台运营和监管渠道，因此在取证时相对来说更为容易。平台在没有收到用户举报时，应设置日常监管举措，也可提醒用户开启隐私保护和隔离，平台在接到用户举报后应及时留存相关证据，以便提交司法机关进行认定。未成年人保护法第80条明确规定，"网络服务提供者发现用户利用其网络服务对未成年人实施违法犯罪行为的，应当立即停止向该用户提供网络服务，保存有关记录，并向公安机关报告。"因此在施暴者实施网暴行为尤其是对未成年人实施网暴的过程中，平台都应加强和司法机关的沟通协调，并配合协助调查。

执法司法机关在收到案件线索后，应及时进行查证，例如对于刘学州事件中网络社交平台排查清理出的290条信息，应逐条去看里面的内容是否涉嫌侮辱罪或诽谤罪。对尚不构成犯罪的违法行为，也应及时对违法者作出行政处理，"不是违法不凑数""是违法一个不放过"，破除社会上"法不责众"的错误认知。

回看近段时间发生在公众面前的网络暴力事件，不论是自诉转公诉的"杭州取快递女子被造谣出轨案"，还是网络大V"辣笔小球"恶意诋毁贬损卫国戍边英雄官兵案，公众期待看到的，都是司法机关在网络暴力面前的绝不让步和妥协。

雪崩后，没有一片雪花是无辜的。刘学州事件对我们每一个人都是一个警醒，却又不该仅仅只是一个警醒。让网暴行为在法律框架下得以有效约束和治理，或许是纪念这个不幸少年的最好方式。

"刘学州事件"引发了人们对网络暴力的激愤与深思，但也折射出在"人人都有麦克风"的时代，新闻评论面临着前所未有的挑战。

二、碎片化传播：用户注意力不断被稀释

人类现已进入移动互联网时代，"便携式"和"可移动性"是移动互联网时代传播的两大特征，用户可以随时随地用自己喜欢的方式传播和获取内容。

"碎片化"指的是在社会发展进程中，原本完整的事物受到内力或外力的作用而破碎细分为众多小碎片的事实，尤其体现为社会体系的碎片化，即原有的社会关系、市场结构、社会观念等被解构，精神家园、信用体系、话语方式等被瓦解，社会资源也因此受到了"碎片化分割"。而在新闻传播活动中，碎片化更多是指新闻产品的生产、传播和使用方面的影响，对用户来说，碎片化主要体现在使用时间和场景的碎片化。

无论什么时代，用户的注意力都是稀缺资源，因为其不能共享，无法复制。吸引并留住用户是每个媒体都需解决的问题。随着媒体技术不断发展，公众可以随时随地地获得信息，公众的注意力被不断抢夺、稀释，用户很难再像过去那样——安静地待

在一个固定的地方阅读报刊，他们甚至很难在某一个内容上停留较长的时间。新闻评论对用户的理解力和注意力要求较高，因此在注意力碎片化的时代，如何找到一个好的选题、如何能留住用户成为新闻评论人不得不思考的难题。

基于此，包括新闻评论在内的新闻产品的生产和传播模式都要随之发生转变，要符合用户的使用习惯。

再者，这种碎片化的传播方式，在一定程度上迎合着"快餐思维"，消减着公众的理性思考能力和逻辑能力。如近年来火爆的网络缩写语，一方面符合这种碎片化传播的特征，追求语言表达的实效性；但另一方面，这种缩写语又带有一定的"幼稚化"倾向，过度使用会消解主流的话语体系。

案例

字母缩写网络语"出圈" 中国网民遭遇沟通"壁垒"
2021年8月27日　中新社　吴鹏泉

中新社南昌8月27日电"nsdd、dbq、szd……虽然每个字母都认识，但组合起来就不知所云了。"面对社交平台上不断冒出的字母缩写（摘取文字首字母所形成的代称）网络语，江西"90后"李璐颇为"头痛"，直呼仿佛在做阅读理解。

随着中国移动互联网不断发展，微博、微信等网络社交平台，逐渐成为民众日常生活的重要组成部分。近年来，率先流行于饭圈（粉丝圈子）和电竞圈的字母缩写网络语火速"出圈"，在社交平台上走热，成为不少年轻网友的交流"暗语"。

例如，最早出现在电竞圈的"yyds"（一般解释为"永远的神"，用于表示高度赞美），无疑是今年夏天字母缩写网络语中的"爆款"。夸赞影视剧拍得好、为奥运健儿欢呼、被美景美食"圈粉"……网友们纷纷将"yyds"打上公屏。

"我经常在网上看到'yyds'，刚接触时一头雾水，不知道是什么意思，搜索后才明白它的含义。"李璐说道。

中新社记者注意到，在中国社交平台新浪微博上，字母缩写网络语相关话题十分热门，大部分话题都有数百万甚至上千万的阅读量。而"网络上看不懂的字母缩写"话题更是达到2.3亿阅读量，吸引2.8万人次讨论。

字母缩写网络语走红的同时，也给许多不熟悉这种表达方式的民众带来了沟通"壁垒"，"惹"了不少争议。

有网友认为，"字母缩写网络语形式简单、输入便捷，这样的表达方式是年轻人的创造和趣味""有些话不想文字表达，直接打字母缩写很正常"；也有网友直言,"字母缩写网络语是对正常交流机制的'污染'",并喊出"能不能好好说话"的心声。

事实上,字母缩写网络语并非是这几年的"产物"。从早期的"你是 MM(妹妹)还是 GG(哥哥)",到 886(拜拜喽)、520(我爱你)等数字谐音,再到曾经火爆互联网的"火星文",随着互联网社交的发展,字母缩写网络语层出不穷,不断更迭。

"字母缩写简单快捷,符合年轻人思维活泼、审美差异化的特征。"江西省社科院社会学研究所副所长涂龙峰 27 日接受记者采访时表示,字母缩写网络语"出圈"是一种亚文化现象,折射了当下部分年轻人审美和思维方式的新特点,展示着属于他们这个群体的个性化认同。

"字母缩写可以丰富语言表达,但也会对一些词语的规范使用带来消极影响。"涂龙峰认为,对待字母缩写网络语,还是要抱有接纳和理解的心态,加强学习和了解,尊重它们的存在;同时也要进行积极引导,防止其过度侵蚀、消解主流的语言体系。

三、"读图时代":受众信息接受和认知习惯变化

"读图时代"已经来临,公众的信息接受习惯从过去纸质化表达转向图像化表达。视觉化在更形象呈现的同时,也容易造成"浅层化思考"问题。相较于过去基于文字表达的深度认知和严密逻辑,新媒体"浅尝辄止"的阅读方式在一定程度上也削弱了大众的逻辑性。

不仅如此,新闻评论人才培养在"读图时代"也面临新的挑战。新闻评论需要严密的逻辑以支撑论证,但从新闻专业学生的练习发现,几百字的小评论中语病和逻辑错误层出不穷,"不会写""写不长""没逻辑"等成为学生在"新闻评论"课程中的常见问题。

《新京报》开设的"新京 talk"评论栏目,结合当下流行的短视频方式进行新闻评论传播,栏目主播是一个说话语速稍快、戴着略显夸张眼镜的年轻卷发女性,名为"阿拉云",她会针对时下热门话题进行评论,视频风格诙谐幽默、论证逻辑严密,更符合当下年轻人的阅读习惯,因此传播效果好。除此之外,《人民日报》"任仲平"也推出政论短视频,以期更好地满足用户碎片化阅读的需要。

案例

睡前聊一会儿 | 相亲鄙视链上,物质是不是婚姻的砝码
2017 年 7 月 13 日 "人民日报评论"

睡前聊一会儿,梦中有世界。大家好,我是党报评论君。

有人说,一说爱情,都走进了浪漫的花园;一谈婚姻,就掉进了现实的

冰窟。今天咱们就来聊一聊婚姻的前奏曲——相亲。

最近，因为一条"中国式相亲鄙视链"，北京的"白发相亲角"又火了。在中山公园、天坛公园，父母帮儿女择偶。在相亲过程中，在关爱的情感中，却也难免会包含物质的考量。相亲变成了"拼条件"的子女营销，婚姻被分解为户籍、房产、学历、收入、家庭背景甚至是生肖属相等一项项指标的权衡。在不少父母的脑海里，"门当户对"是执念，"攀上高枝"是期待，而且还从这种执念和期待中生长出一条现实而残酷的"鄙视链"。

可怜天下父母心。父母的理性计算，可以理解，实际上是他们的成长经历与社会阅历在子女婚姻问题上的投射。他们中有些人经历了知青的下放岁月，有些人品尝过改革中的下岗滋味，有些人不满于生活中的失意，有些人看多了家庭、财富引来的婚姻纠葛，因而把物质保障看作是子女婚姻幸福的底线。

这样的考虑，并非没有道理。只是，一条冰冷的底线，却不知隔绝了多少热烈的真爱，又流失了几许相知相恋相依的缘分。父母只是看到了贫贱夫妻百事哀，却没有看到21世纪有多少婚姻的破裂，是因为双方维系感情的无力，情绪自我控制的失败。正如一个评论所说："心魔未除，没有爱情基础，前路多是妖孽。"

当然，我们也毋庸讳言，从"白发相亲角"生发出来的婚姻焦虑，夹杂着向上流动的渴望，本质上却是对向下滑落的预防，既反映了婚姻对于个人生活的影响，也折射出社会发展中个人所面临不确定性的增加。有人总结，"50年代选英雄，60年代找贫农，70年代奔军营，80年代求高知"，从中可以看出，婚嫁的标准变动不居，与整个社会的变化息息相关。思考父母心中相亲鄙视链的同时，也不妨想一想这条鄙视链后的社会结构、社会心态、社会价值的问题。

婚姻无法回避物质基础，但21世纪的婚姻更不能缺失爱情基座。从趋势来看，早在上世纪70年代，美国经济学家贝克尔研究认为，在发达国家的现代化过程中，随着社会物质财富的积累、社会保障制度的健全、社会福利水平提高，人们通过婚姻保持和提高自己社会地位的动机就逐渐下降，以爱情为基础、跨越社会阶层的婚姻就开始增长。而从微观来看，"白发相亲角"人气很旺，成功率却很低。有研究表明，上海的"白发相亲角"的成功率不足1%。可见，关于婚姻，已经深入人心的感情基础、价值观因素，仍是稳定的、长久的。随着中国发展蒸蒸日上，因爱结合的婚姻才是中国主流的情爱文化。因而，算计一时的物质得失，不如算清一世的幸福保障。拿婚姻作为砝码，代价可能就是爱情的美好。

这正是：千里姻缘月老牵，幸福不靠孔方兄。

晚安，做个好梦。

"睡前聊一会儿"一般推送时间在 22：00，符合用户在睡前阅读的习惯。同时，在话题选择上多为与百姓生活相关的主题，较为柔和，亲近性强，语言表达也十分接地气。但即便是新媒体产品，"睡前聊一会"依然保持了结构完整、论证具有逻辑性等特点。

第二节　新闻评论的坚守：
打通两个舆论场　守住价值观底线

在当下中国，客观存在两个舆论场。一个是党报、国家电视台、国家通讯社等"主流媒体舆论场"，忠实地宣传党和政府的方针政策，传播社会主义核心价值观；一个是依托于口口相传特别是互联网的"民间舆论场"，人们在微博客、BBS、QQ、博客上议论时事，针砭社会，品评政府的公共管理。互联网成为"思想文化信息的集散地和社会舆论的放大器"。

——南振中

新华社前总编辑南振中曾提到："在当下中国，客观存在两个舆论场。一个是党报、国家电视台、国家通讯社等'主流媒体舆论场'，忠实地宣传党和政府的方针政策，传播社会主义核心价值观；一个是依托于口口相传特别是互联网的'民间舆论场'，人们在微博客、BBS、QQ、博客上议论时事，针砭社会，品评政府的公共管理。互联网成为'思想文化信息的集散地和社会舆论的放大器'。"

新媒体时代，传统的宣传引导方式不再适应去中心化的传播环境，以党报等主流媒体为代表的"主流媒体舆论场"与"民间舆论场"存在着隔阂，如果不能打通两个舆论场，让新闻评论在两者之间同频共振，将在某种层面上形成社会的割裂，这不利于社会稳定。因此，新闻评论一方面要坚守价值观底线，另一方面必须运用互联网思维，在新的"战场"持续发力。

案例

睡前聊一会儿｜"屏摄"打卡，无伤大雅？
2023 年 5 月 24 日　"人民日报评论"

睡前聊一会儿，梦中有世界。听众朋友们，晚上好。

刚刚结束的"五一"小长假，你看电影了吗？数据显示，"五一"档期电影总票房超过 15 亿元，名列中国影史同时期第三。影片上新、好戏连台，观众热情也很高。然而，在一些观众发出的打卡照、短视频里，却出现了部分影片的核心角色、剧情走向，以至于有出品方公开发出倡议，呼吁观众"抑制自己的激动"，放下拍照录影的手机，保持影片的"新鲜度"。今天，我们就来聊聊这个话题。

每逢电影上新，社交平台与影评网站都会成为观影人群衡量影片口碑的重要参考。近年来，一些主打"回忆杀""情怀杀"的影片相继问世，无论是经典 IP 回归翻新，还是热门小说登上银幕，都让很多新片"未映先热"，拉满了期待值、攒足了好感度。不少观众兴奋地第一时间走进影院，迫不及待地拍下片头、彩蛋甚至部分剧情，并上传到社交平台，为电影叫好喝彩，也为自己留下难忘回忆。殊不知，根据法律规定，类似的"屏摄"行为可能涉及侵权，影片内容的提前扩散传播也成为萦绕在片方及电影从业者心中的阴霾。

事实上，侵权盗版问题始终是电影从业者的痛点与电影行业发展的难点。一部电影，是全体工作人员在筹备、编剧、拍摄、制作等复杂流程中通力合作、共同努力的成果。侵权盗版，盗走的是创作者的心血，侵袭的是市场的秩序，影响的是电影发展的良性循环，最终损害的是消费者的长远利益。近年来，有关部门对源头盗片、中间分发、引流传播等黑灰产业链重拳出击，打击盗版专项治理成效显著。在一起春节档电影侵权盗版专案成功侦破后，被网友戏称为"受害者联盟"的相关电影主创集体亮相公安部新闻发布会，表达对于打击侵权盗版违法犯罪的感谢、对于版权保护工作的支持。

然而，"居心不良"的盗摄产业链可以有效打击，个别观众屏摄的"无心之失"却防不胜防。社交平台上网友拍摄发布的热映电影图文、视频片段并不鲜见，逐渐成为当前电影版权保护的新考验。一方面，根据电影产业促进法的明确规定，"未经权利人许可，任何人不得对正在放映的电影进行录音录像。"因此，拍摄零点首映片头、记录正片高光时刻等"路透片段"，都可能构成侵权行为。尤其是剧情走向、角色形象等关键信息一旦外泄扩散，将严重损害片方等权利人的合法权益。另一方面，屏摄行为也会对其他观影者造成不良影响。相信不少人都有过观影过程中被突如其来的手机亮光"闪瞎"双眼的不适经历。一名观众擅自拍摄，不仅打扰邻近观众专注观影，更有可能形成不良示范，引发更多观众跟进模仿，致使更多影片细节被拍摄外传。正因如此，数十位知名电影演职人员曾在社交平台发起"拒绝盗摄"倡议，呼吁观众文明观影，"不要对着银幕拍摄"。

其实，如果观众仔细留意，几乎每张电影票根背面的"观影提示""观众须知"里，都明确写有"禁止摄影、录音及录像"等注意事项。电影作为一门视听结合的艺术，每一帧画面、每一秒声音都是作品不可分割的一部分。作为影片的消费者，观众购买电影票享有的是单次的观影服务，并没有获得二度拍摄以及传播其中片段的合法授权。一些观众对于某部电影或某些IP的独特情感，更应转化为拒绝屏摄、保护创作者权益的实际行动，而不是以之作为"为了情怀不得不破例"的借口。

观影打卡如何与版权保护并行不悖？来自片方、影院与观众的共同努力必不可少。面对观众的合理需求，片方应该积极响应，主动放出更多制作精良、看点突出的宣传物料，满足消费者的分享欲，借力社交平台实现"双赢"。影院方基于维护影院秩序与观影环境的需要，有义务、有必要通过提前告知、现场劝阻等方式加强对屏摄等不文明观影行为的约束。当然，观众更应该主动配合，树立盗摄侵权的法律意识，养成文明观影的良好习惯。"龙标亮起之时，主动收起手机"，有打卡冲动时，不妨选择片方公开发布的物料、载明时间地点的票根，或者是一段饱含真情实感与真知灼见的观后感——这，一定比"暗中拍摄"的一张银幕照更具纪念意义。

这正是：龙标跃然眼前，影片长留心间。

银幕本非景点，无须合影留念。

电影院"屏摄打卡"是近年来饱受争议的热门话题，尽管该行为存在法律风险，但仍有不少观众认为"我就拍一张照片而已"，"我发个朋友圈，是我的自由，别人管不了"，"我不过是想留个纪念，又不干别的"。

一方面是行业里"禁止拍照"的呼吁，另一方面是老百姓看上去合情合理的诉求，"人民日报评论"微信公众号的这篇评论站在法律法规的角度进行立论，在文章开篇便立场鲜明地表示"根据法律规定，类似的'屏摄'行为可能涉及侵权"。

同时，文章也不回避社会上的热点争议，针对"观影打卡如何与版权保护并行不悖"提出了几点建议。

无论时代如何变迁，新闻评论都应该守住真实性的底线。新闻评论是基于新闻的评论，离开了"真实性"的评论，无论观点如何的正确、论据如何的丰富、论证如何的精彩都是无源之水。在"后真相时代"，情绪传播盛行、观点表达显得更容易，因此新闻评论人更应该做好事实核查，真正做到基于新闻的评论。

新闻评论应该从人民的角度看待问题。在政治上与党中央保持高度一致的同时应"接地气"——站在群众的角度，关心人民疾苦，做到"既能反映诉求，又能统筹全局"，即急百姓之所急、忧百姓之所忧。此外，还应引导人民如何从全局看问题，尤其是社会发展中的一些"阵痛"。

案例

怀孕女子被拒录，反对就业歧视之外还需做些什么？
2024年4月2日 澎湃新闻评论 柳早

据上海高院4月1日消息，2023年6月，严女士收到一家公司的入职通知，告知她应聘上了财务主管的岗位，通知要求严女士提供人绒毛膜促性腺激素检查（HCG）报告，该检查通常用来诊断是否怀孕。严女士在按要求检测时发现自己已经怀孕，于是将情况如实告知。

正是这一怀孕的消息，让严女士的工作泡汤了。几天后，公司通知严女士，因规划调整岗位取消；而在其他平台上，该公司仍在发布相同岗位的招聘信息。多次沟通无果后，严女士向法院起诉，要求公司赔偿3万余元。最终在法院主持下，双方达成调解协议，该公司赔偿严女士相关损失3万余元。

以怀孕为由拒绝求职者，毫无疑问属于就业歧视。《妇女权益保障法》明确规定，用人单位在招录（聘）过程中，不得将妊娠测试作为入职体检项目；《就业促进法》也规定，用人单位招用人员，除国家规定的不适合妇女的工种或者岗位外，不得以性别为由拒绝录用妇女或者提高对妇女的录用标准。

当然，该公司用了一些隐蔽的手法试图规避法律风险：比如不自行组织怀孕体检，而是让求职者提供；不说是不录用，而说是岗位取消。但拒绝严女士的真实意图却是毫无疑问的，这也是法院调解赔偿的基础。

虽说是非分明，但在跟评留言中，相当多网友也表达了对公司的"理解"："成本全部转嫁给企业，将来的女性就业会更难"，"财务主管这么重要的岗位，你上班几个月后一休假谁来替你呢"，"只怕以后公司不招女的了"，诸如此类言论不少。

出现这种意见分歧，其实也颇为常见。基本的道理碰上复杂的现实，就容易产生矛盾。人们同情这位女士，也希望更多女性职工的生育、就业权利得到保障；但站在企业的角度，人们也不难理解其中的艰难——刚招收一位新员工，工作不到一年就要长时间休假，这个成本确实不低。

而且，严女士获赔3万元，得到了有力的法律保护，但客观上也可能导致用人单位从此对女性求职者更为"畏惧"、录用更为谨慎。很多人担心对于女性的职场优待越多，可能越不利于女性就业，就是这个道理。

正如全国妇联妇女研究所原副所长刘伯红指出，"如果仅仅用保障性条例对妇女进行保护，而不从根本上解决保护成本的问题，导致保护成本转移到用人单位身上，会让用工成本较高的女性愈发受到用人单位的歧视。"这种观点得到了不少人的认同。

由此也可见，女性就业权益保障，无论如何绕不过一个成本问题。女性生育的社会价值，并没有一个具体的受益者，但是女性产假的成本，却必须有一个直接的支付者。当这个成本全压在用人单位身上时，用人单位就可能采取种种手段拒录或变相拒录育龄女性，侵害女性平等就业权利。

类似情形的出现，其实也是个提醒，社会应当去探索一些公共性的救济方式，用以平摊女性生育的成本。在今年两会期间，全国妇联就建议完善生育成本合理分担机制，包括明确职工生育奖励假、配偶陪产假等假期津贴或工资由生育保险基金或地方财政负担等措施。

这些建议确实值得听取。既然社会鼓励女性生育，那么根据谁受益、谁买单的原则，由社会整体来补贴成本，自然更符合逻辑。而这种机制如何设计，如何能以肉眼可见的方式落到职场环境中，让女性和用人单位都切实感到一种政策托举，还需要持续的探索。

女性，尤其是处于生育期的女性面临的职场困境一直以来都是社会关注的问题。澎湃新闻评论《怀孕女子被拒录，反对就业歧视之外还需做些什么？》立足于女性生育带来的职场困境这一话题，从用人单位和求职者两方面展开论述，理性地分析了女性职场生育困境的原因，指出"社会应当去探索一些公共性的救济方式，用以平摊女性生育的成本"。该评论一方面聚焦民生关注的问题，具有新闻的人文关怀；另一方面跳出"指责"，去探讨解决问题之路径，在舆论引导上起到了较好的作用。

案例

民生最重是情怀
2017 年 3 月 7 日　《人民日报》　李洪兴

"今年实现进城落户 1300 万人以上""提高博士研究生国家助学金补助标准""年内全部取消手机国内长途和漫游费""城乡居民医保财政补助由每人每年 420 元提高到 450 元"……今年的政府工作报告在许多人眼里"沉甸甸的""有分量"，一个重要方面就体现在它承诺的民生实事、深厚的民生情怀。

治国有常，而利民为本。古往今来，中国人笃信"过日子"的淳朴逻辑。不管是一家一户的小日子，还是国家民族的大日子，大家都期待通过奋斗过上更幸福的好日子。从米价菜价到药价房价，从教育公平到社会保障，百姓生计的方方面面，刻录着个体对美好生活的向往，也检验着施政者的政策取向。以百姓之心为心，最重要的就是始终坚持以人民为中心的发展思想，从一点一滴的细微具体之处抓好民生问题。

一切与百姓实际生活相关的工作，说到底都属民生范畴。资助贫困学生是民生，提高低保、优抚、退休人员基本养老金标准也是民生，增加基本公共卫生服务经费是民生，实施全民健身计划也是民生。民生与资金投入息息相关，但又绝不止于资金投入，办证更便捷了、异地医保结算不用来回奔波了、家门口就业的门槛更低了，都是民生工作的重要组成部分。更重要的，民生工作不是只有投入没有产出的"纯福利"，围绕改善民生来扩大消费，通过加快提升公共服务、基础设施、资源环境等支撑能力来拉动转型升级，都是以民生促发展的典型路径。

把民生工作做到位，需要能力，更离不开情怀。心理学中有个"共情"的概念，意即同理心，设身处地为他人着想。保障和改善民生，也需要类似的"共情"。倘若一边是"放管服"改革快马加鞭、一边是"中梗阻"藩篱枝节横生，一边是全国跨省医保报销启动、一边是省内还划分不同类型医保卡，这只会放大民生问题的短板效应，消解群众的信任感。习近平总书记在河南兰考考察时，看到为民服务中心办事大厅墙壁上贴着"不知道，你问我，我问谁"等服务忌语，语重心长地说，对群众没有感情就会说忌语，把老百姓看成父母、兄弟姐妹，就不会说忌语。少一些"差不多就行"的敷衍将就，多一份念兹在兹的尽心尽责，把民生"时刻放在心头、扛在肩上"，做到"该办能办的实事要竭力办好，基本民生的底线要坚决兜牢"，真正将百姓当成自家人，想群众之所想，急群众之所急，这才是最真诚、最质朴的民生情怀，才能以实实在在的业绩真正赢得群众发自内心的认可。

"政府的一切工作都是为了人民，要践行以人民为中心的发展思想，把握好我国处于社会主义初级阶段的基本国情。对群众反映强烈、期待迫切的问题，有条件的要抓紧解决，把好事办好；一时难以解决的，要努力创造条件逐步加以解决。"正如习近平总书记所指出的，人民对美好生活的向往，就是我们的奋斗目标。从两会这个民主政治的殿堂出发，"咬定青山不放松，持之以恒为群众办实事、解难事，促进社会公平正义，把发展硬道理更多体现在增进人民福祉上"，我们的明天一定会更美好。

能够讲问题、分析问题的评论才是真正有用有效有力的评论。《人民日报》2017年3月7日发表的这篇《民生最重是情怀》围绕政府工作报告中涉及的民生问题展开评论，一方面指出了民生工作的重要性，提出了在过去一年的工作亮点，也提到"倘若一边是'放管服'改革快马加鞭、一边是'中梗阻'藩篱枝节横生，一边是全国跨省医保报销启动、一边是省内还划分不同类型医保卡，这只会放大民生问题的短板效应，消解群众的信任感"。在这篇评论中，我们看到的不仅仅是肯定成绩，也有对工作的要求和期许，更有老百姓真正关心的话题。

第三节　新闻评论学习的能力塑造

> 形势的发展和变化对新闻人提出了更多更新更高的要求，我们需要培养他们具有这样的特质——以新闻的敏锐和智慧发现故事，以新闻的视角和手段描述和评论故事，以新闻的威力和魅力促使故事在有利于大众和社会的轨道上完善和圆满。
>
> ——赵振宇

"采写编评摄"是新闻专业的五大基本业务，评论是其中综合性较强的一项，它需要评论学习者具有较强的思辨能力、扎实的写作能力与过硬的编辑能力。

金字塔的最底层是思辨能力。新闻评论是基于新闻事实或新闻现象的评论，这就要求写作者有开阔的视野和丰富的人文社科资源。现在网络上较多评论都是逞一时口舌之快。在"感情大于事实"的后真相时代，大家仿佛更愿意去感性地表态，而忘了理性的思辨。

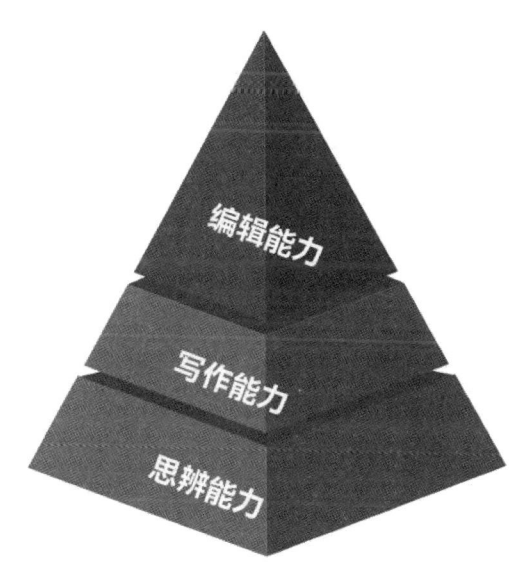

新闻评论写作能力金字塔

一名专业的新闻评论学习者最需要的是冷静的思考——能够在快速前行的社会中关注到最该关注的问题，找到好选题，切入好角度，写出有深度、广度、温度的新闻评论作品。

新闻评论能力培养的第二层则是写作能力。通过这几年的教学，笔者发现一个很有趣的现象：很多同学平日里能说会道，观点金句信手拈来。但真让他们动笔写评论时，别说800字、1000字，就是五六百字都令他们头疼，即便"挤牙膏"般完成，也充满了各种语病和逻辑错误。即便到了短视频时代，写作能力仍然是新闻评论的核心能力，它是将思想外化的一种手段，也是思辨能力的一种体现。

最后，新闻评论写作还要培养编辑能力。新闻评论选题要"从公众中来，到公众中去"，立论角度也要考虑用户的信息接收水平和习惯。"我的评论给谁看？"——这是大家写评论的时候必须要注意的问题，也是新闻编辑中要考虑的问题。

因此，思辨能力是基础，写作能力是核心，编辑能力则是高阶能力。

课后练习

一、简答题

如何守住新闻评论的"真实性"？

二、论述题

简要论述本章案例《大学生"懒癌"得治！》一文折射出哪些社会问题，并指出其写作亮点是什么。

三、操作题

思考在当前新媒体环境下，作为新闻评论学习者的你应如何提升自身评论能力，并列出具体操作步骤。

第三章

新闻评论的选题及立论

本章学习要点：

1. 新闻评论选题定义与标准
2. 好的新闻评论选题寻找路径
3. 如何进行新闻评论的立论

万丈高楼平地起，对于写新闻评论而言，找到一个好的选题犹如打好地基，属于方向路线的选择，一定要重视。

案例导入

C6驾照新规生效在即，驾考可更贴近现实
2022年3月31日　"南周快评"

4月1日起，公安部新修订的《机动车驾驶证申领和使用规定》将正式生效。新规定除了"全国通考、跨省可办"以及申请资料和档案电子化、信息共享等便民措施外，最重要的改变就是新增了C6驾照。这一新的驾驶证类型，允许持证人驾驶拖挂"轻型牵引挂车"的"小型汽车列车"，而这在现实中，主要是小型的拖挂房车。因此舆论普遍认为，新规定能更好满足群众驾驶房车出游的需求，促进房车旅游新业态发展。

确实，随着民众生活水平提升，房车旅游越来越成为部分人外出旅游的选择。根据相关行业研究机构的数据，2019年中国房车保有量已经突破了10万辆，其中有超过三分之一是拖挂式房车。

但是，在C6驾照的规定出台之前，国内驾驶拖挂式房车，在法律上却存在模糊之处。道路交通安全法实施条例规定，小型载客汽车允许牵引"旅居挂车"或者"总质量700千克以下的挂车"。貌似有"小型载客汽车"车型的驾驶证（C1、C2驾照），就可以开牵引了"旅居挂车"的小客车。但是，道交法实施条例上述规定其实只是对车辆的要求，并不是对驾驶资格的要求。同一条例中也有关于允许载货汽车牵引挂车的规定，但是中型、重型货车（俗称"大货车"）驾照和中型、重型拖挂列车的驾照却是两类。因为普通一体化的汽车和拖挂汽车开起来确实有很多不同，驾驶拖挂列车需要一些特别的技能和技巧。因此，从交通安全角度出发，有必要把普通汽车和带有挂车的列车的驾驶资格分开来。大货车和大拖挂的驾驶资格早就分开了，而这次新的C6驾照，把驾驶小型牵引列车的资格也单独列出，对驾驶员进行专门的培训和考试，有利于加强这类列车的安全驾驶，确保交通安全。而且规定明确后，也有利于减少法规的模糊，避免执法上的随意性。

但是在确保安全的同时，也应该尽可能便利人们去考取这一新的驾照。虽然公安部新规在2021年12月底就已经公布，到正式实施有3个多月的时间。但是，这3个月里，C6驾照的培训和考试工作却一直没有进行，尤其是考试，也要等到4月1日后才能考。但是从4月1日起，没有C6驾照，就不能合法驾驶拖挂房车了。这意味着，在新规生效和驾驶人考出新驾照之间

会有一段空档期，这段时间内，拖挂房车不能开了。这种时间上的不衔接，会给拖挂房车的驾驶人带来很多不便。更为完备的办法，或是在新规生效之前就开始新驾照的培训和考试，留出一定的时间让驾驶人去培训和考试，使他们能在新规生效时就拿到新驾照，能够继续合法驾驶车辆。

此外，驾照的考试也应该以安全驾驶为主要目标，考试内容应该和实际驾驶需要相一致。而现在中国的驾照考试中，有不少为了考试而考试的规定。比如，在倒车入库、侧方停车等考试项目中，都要求必须一次成功，中途不能停顿，也不能二次调整，更不能出现发动机熄火等情况。为了通过考试，驾考人不得不一次又一次地练习。但是实际开车时，并不需要这些"完美"的驾驶技能。司机在实际倒车、停车时，完全可以多次调整，只要最终能成功，并不需要一次搞定。更不用说，现在很多新车都增加了自动停车入位功能，能够帮助司机停车。

驾驶证考试的目的，是确保驾驶人有足够的技能驾驶车辆，以保障交通安全。一些没有实际应用价值、对交通安全意义不大的考核标准，有必要加以改进，以尽可能便利公众考取驾照。C6驾照的考试项目也是如此，应该以实际驾驶中需要的技能为主进行考核，以便公众能更容易考到驾照。有更多人拿到C6驾照，更多人开着房车去旅游的愿望才能实现，拖挂房车产业才能得到发展。

阅读完此文，你认为本文选题的来源及价值是什么，你从中有哪些启发？

第一节 新闻评论选题的价值判断

选题，在新闻媒体里面，是花最多时间研究、最让记者编辑尤其是总编主任伤透脑筋的工作内容。

——丁邦杰

新闻评论写作之所以不是件简单的事情，就是在于其不仅仅事关写作，而且要考察写作者的宏观思维能力和价值观——选择什么样的事件？从什么样的角度展开评论？这很大程度上是写作者价值观的折射。

找到一个好选题的前提是能对其进行价值判断。

新闻价值是指凝聚在新闻事实中的社会需求，即新闻本身之所以存在的客观理由，也被称为新闻的起点和终点，是新闻业的核心。长期以来，关于新闻价值的研究都在持续，其定义从标准说逐渐转向效用及意义说，即从客观地衡量新闻事实到衡量新闻事实与人之间的关系。

随着人类传播进入"第三媒介时代"，用户的卷入度越来越强，人在传播中的地位不断提升，因此新闻价值中"接近性""有用性"等属性也随之变得更加重要。

简单地说，评论的选题就是"我要说什么？"，本质上就是价值判断的过程。并不是所有新闻报道都有评论的价值，因此新闻选题的价值判断尺度要比新闻报道的价值判断尺度更加严格。

新闻价值是新闻评论选题价值的必要不充分条件，也就是说，只有具有新闻价值的事情才可能具有新闻评论的价值，但不是所有有新闻价值的事件都能有新闻评论价值。如"2021 年 6 月 19 日，广东打捞出一只大乌龟，重达 37 斤，后研究发现它竟是入侵物种"新闻，单纯从事件本身而言的确有趣味性，具有新闻价值，但从新闻评论角度出发，这仅是一个孤立的个案，不具备典型性，从深度和广度而言都不具备评论的价值。

具体而言，一个事件是否具有新闻评论选题的价值，除了考虑其新闻价值本身外，还需要从以下几个维度进行考量。

一、重要性

新闻评论是编辑部或作者对新近发生的有价值的新闻事件和有普遍意义的紧迫问题，运用分析和综合的方法，就事论理，就实论虚，有着鲜明针对性和指导性的一种新闻文体。因此，从这个层面而言，新闻评论应该聚焦于时代大事，着眼全局，考虑其是否有利于舆论引导，是否具有时代性。

案例

广东取消生育审批，是人口政策观念的积极改变
2022 年 5 月 8 日　　"南周快评"

近日，广东省卫健委新的生育登记管理办法取消生育审批的消息成为网络热点。取消审批，加强服务，是根据上位法修正所做的必要修改，也是顺应生育形势、鼓励生育的措施之一。

旧的广东卫健委相关文件名为《关于生育登记和再生育审批的管理办法》，其中再生育审批的规定占了相当篇幅。其上位法依据是旧的《广东省人口与计划生育条例》中关于再生育审批的规定。而 2021 年 12 月 1 日公布并生效的新广东省计生条例，尽管规定了已经生育 3 个子女后再生育需要符合一定的条件，但是取消了再生育需要审批的规定。因此，省卫健委此前的再

生育审批规定已经没有上位法依据。所以，这次修改将其取消。

除了取消再生育审批，新办法也大大简化了生育登记的程序。首先是登记地，此前生育人必须到户籍地或者居住半年以上的现居住地办理，而新办法取消了现居住地需要居住半年以上的规定。而且，旧办法规定必须到办理机构现场办理，而依新办法则可以通过网上平台办理，这无疑大大方便了新手父母。其次是登记所需要的材料也简化了，以前需要夫妻双方户口簿、身份证、结婚证（再婚的还要提供离婚证明材料），而新办法规定只需要身份证或者户口本。

当然，最重大的改变，是把生育登记只作为人口监测的手段。根据旧的生育登记办法，只有合法生育的子女才能进行生育登记，对不合法的，办理机构将不予登记。比如生育双方没有办理结婚登记的，就无法进行生育登记。而新办法则明确规定，没有办理结婚登记的，应持身份证或户口簿进行登记。新办法也明确规定，办理生育登记时出具的凭证，不作为相关生育行为是否符合计生条例的依据。这意味着，登记时只对生育这一事实进行登记。这是生育登记理念上的大转变。

事实上，自三孩政策实施以来，中国的政策已经逐渐转为鼓励生育。不少省市修改计生条例，取消了生育审批等。在国家政策要求的生育登记方面，自然也要尽可能简化，而且更加突出登记后的服务，以鼓励新生儿的父母进行登记。

简化、便利生育登记，只是政策观念改变的一个表现。要真正让民众愿意生育，需要更多鼓励生育的政策，需要从社会经济文化各层面着手，经过长期努力，共同改善生育率下降的局面。

自"三孩政策"实施以来，可以看到中国生育政策的调整。"取消审批、加强服务"是根据我国上位法修正所做的必要修改，也是顺应生育形势、鼓励生育的措施之一。从选题层面来说，这篇评论立足于三孩政策的"落地"，贴合实际，具有较强的时代意义和重要性。

一、矛盾性

多数时候新闻评论需要聚焦社会中有矛盾冲突的事件、现象，越是社会争议大、悬而未决的话题，通常越具有新闻评论的价值。

很多新闻评论初学者的作品之所以会显得"没有深度""没有价值"，很大原因是其评论是将毫无争议的话题翻来覆去赘述，将"泡沫议题"不断放大，而没有去深度挖掘议题背后真正的意义。又或者是将事件所涉及的几方"各打五十大板"，缺乏鲜明的观点态度。

比如，2017年杭州萧山发生一起"父亲醉驾带发烧40度孩子上医院，结果被当场查获"事件，事后交警人性化执法获得点赞，该名父亲的行为也遭到网友的指责。但从新闻评论价值而言，如果只是把评论的角度停留在"喝酒不开车，开车不喝酒""不能知法犯法"上，显然是"正确的废话"——关于"酒驾""醉驾"的危害早已被广泛讨论并且已入我国刑法。所以，此事件最具有讨论性的并非"醉驾""酒驾"事实本身，写作者可以试着去寻找这个新闻中存在的矛盾点，比如：突发紧急情况下的自救与安全问题，又或者由"不得不驾车才能去看病"折射出的城市医疗资源分配问题，还可以分析严格执法与人性化执法的关系等等问题，这些立论显然更有价值。

三、典型代表性

新闻评论要以小见大，可以从小事件着手，折射宏大问题，前提是具有典型代表性。如果只是一个普通员工被单位以正常原因开除这样正常的劳动纠纷问题，通常不太具备写评论的必要。但如果在这个普通的"开除"事件背后藏着"不普通"的原因，就可以深入分析。

案例

员工羡慕按时发工资被开除，用人单位不能如此任性
2022年4月30日　"南周快评"

只因为在朋友圈说了一句"羡慕人家按时发工资"就被公司开除？用人单位虽然有用人自主权，也不能如此任性。

据华商报报道，日前，河南省商丘市睢县的张女士因为在自己的微信朋友圈里发了一条"我真羡慕人家按时发工资"的信息，当天下午就被公司辞退了，理由是在朋友圈"乱发"信息，给公司造成"极其恶劣的影响"。而在朋友圈评论了一句"我也羡慕"的同事也一起被开除了。

劳动者提供了劳动，就有权利按时获得报酬。劳动法规定，劳动者有取得劳动报酬的权利，劳动者的工资应当以货币形式按月支付给劳动者本人，用人单位不得克扣或者无故拖欠劳动者的工资。张女士羡慕人家能按时发工资，言外之意，是说自己的公司不按时发工资，所以在朋友圈发发牢骚。想不到，被老板看到后，老板不仅不反思自己的做法，还认为员工的言论给公司造成"恶劣影响"，直接把张女士开除了，而且连在张女士朋友圈下跟了一句评论的同事也开除了。这样的公司，这样的老板，真是够任性。

不过，这次老板恐怕是要后悔了。事件引起关注后，睢县人社局进行

了调查。根据睢县政府网 4 月 23 日深夜发布的通报，被开除当天，张女士和同事就到县劳动保障监察大队进行了投诉，县劳保监察大队随后介入调查。这一查不要紧，发现公司除了随意开除员工外，还存在其他违法行为。调查发现，张女士和同事彭某是自 2022 年 2 月 19 日入职睢县康梦园医养保健服务有限公司，而该公司未依法与张某、彭某订立书面劳动合同。而根据劳动合同法，建立劳动关系应当订立书面劳动合同，用人单位自用工之日起超过一个月不满一年未与劳动者订立书面劳动合同的，应当向劳动者每月支付二倍的工资。因此，虽然该公司在开除两人时已将工资结算，但是因为不及时与劳动者签订书面劳动合同，已经违法，睢县劳动保障监察大队于是在 22 日对公司下达限期整改指令书，责令其依法限期支付张女士和同事自入职起的经济赔偿金。通报称，该公司已于当天将赔偿金支付到位。

  本来是想以开除敢抱怨的员工来掩盖其不按时发工资的真相，想不到却要付出更多的赔偿，而且此事在网上引起广泛关注，公司不按时发工资的事更是尽人皆知了，影响恐怕更"恶劣"。真是赔了夫人又折兵。这对任性的老板们是个警示，劳动合同法并不是纸老虎，不认真守法，就可能付出代价。

  不过，张女士的遭遇并不是孤例。现实中这样任性的公司并不少。有不少小公司并不跟劳动者订立劳动合同，有些公司总是延后一个月发工资，以各种借口克扣工资也是常事。还有一些公司，虽然表面看是正规的大公司，但是对员工也极其苛刻，有的要求员工对个人工资保密，员工不小心被同事偷看到工资单，被偷看的人反而被指违反合同，被解雇。

  虽然中国劳动力市场总体上还是供大于求，导致劳动者相比用人单位处于弱势，但是用人单位也不能为所欲为，应该尊重并保障劳动者最基本的权益，否则就要付出代价。

2022 年 4 月，河南省商丘市睢县的张女士因为在自己的微信朋友圈里发了一条"我真羡慕人家按时发工资"的信息，当天下午就被公司辞退了，理由是在朋友圈"乱发"信息，给公司造成"极其恶劣的影响"。而在朋友圈评论了一句"我也羡慕"的同事也一起被开除了。《南方周末》旗下"南周快评"对此发表评论《员工羡慕按时发工资被开除，用人单位不能如此任性》（2022 年 4 月 30 日），强调应该尊重并保障劳动者最基本的权益。

这篇评论的选题源自"张女士"的故事，"张女士"虽是普通人，但整个事件折射出来的是劳动者合法权益保障的相关问题，具有典型代表意义，这也是本篇新闻评论的价值所在。

对于新闻评论选题价值的判断，一方面与写作者的自我认识有关。人类通常只对那些与自己充分相关的信息予以关注、表达和理解。也就是说，人更容易对与自己相关的内容产生认知并形成选题。同时，选题价值没有一个标准答案，"接近性"是考察新闻评论选题价值的重要方面。比如，每年两会期间都有很多议案、提案，其中不乏值得评论的选题。那么对于新闻专业学生而言，哪些属于好选题？设置大学"间隔年"、鼓励"在校生结婚生育""女性求职困境"等，这些选题从写作层面来说因"身份相近""问题相似"而便于分析，对"延迟退休""三胎政策"等问题的评论难度则相对较大。要想把这些话题评论好，就必须实际调查、深入分析，否则很容易落入人云亦云的陷阱。

另一方面，新闻评论选题也受新闻运作规律和媒体操作节奏的影响。传统媒体在选题价值的判断上与网络媒体有很大不同。比如，在传统媒体在选题时，可能更侧重于考虑大众的普遍兴趣和需求，以及维护其在公众心目中的公信力。而网络媒体由于其传播渠道的多样性和互动性，在选题时可能更加注重个性化和多元化，以吸引和满足不同的用户群体。同时，传统媒体在新闻价值的判定上，往往更侧重于事件的重要性、显著性、接近性和趣味性等方面。而网络媒体则可能更加注重新闻的时效性和互动性，以及用户对于新闻的参与度和反馈。此外，随着新媒体时代的到来，新闻价值的判定主体也逐渐从媒体自身转变为受众，这使得网络媒体在选题时可能更加注重受众的需求和兴趣，以及如何通过选题来引发受众的共鸣和讨论。

第二节　抓住有价值的评论选题

能不能优质高产地创作言论，取决于作者能不能发现大量的选题，特别是高质量选题。

——米博华

要找到有价值的新闻评论选题，首先要知道好的新闻评论选题具备哪些要素。

一、什么叫作"好的新闻评论选题"

首先，好的选题必须能够触及现实、有公众关注度。具体来说，新闻评论的选题必须紧密联系当前的社会、经济、政治、文化等现实背景，能够反映出人们生活中普遍存在的问题或现象。同时，选题所涉及的问题或现象必须是重要的，具有一定的社会价值和意义。

> **案例**

互联网黑话泛滥："语言的围墙"背离互联网精神
2021 年 4 月 2 日　红网　杨语灵

  在 3 月 30 日字节跳动九周年演讲中，张一鸣花了不小的篇幅展示了一段充斥着"深度共建、自然势能、价值链路"等互联网黑话的"八股文报告"，以讽刺当今在互联网行业盛行的黑话文化。这也引起了广大网民的讨论，每个字虽然都认识，怎么组合在一起就完全看不懂了？这些复杂又难懂的黑话究竟为何会存在？它带来的是交流的障碍、行业的壁垒还是身份的认同？

  过去，在作品《智取猛虎山》中，杨子荣通过掌握了"天王盖地虎，宝塔镇河妖"的黑话技能，打入了密不透风的土匪内部。现在，刚进互联网大厂的新人则靠着"赋能""链路""颗粒度"等黑话逐渐融入互联网行业，体现着自己对行业更深入的了解与认知。对于互联网从业者来说，黑话与术语的堆砌，让自己的文字显得更专业的同时，也完成了作为员工对于企业文化与价值观的身份认同和感情归属，同时也将从业者与非从业者借助"语言"区分开来。

  对于互联网企业来说，黑话的使用规定与推广也是符合其管理目标的，因为这能让团队有共同的语言、共同的符号与理念，一定程度上提高团队工作的效率。正如心理学家维果茨基所言，当一个人在学习语言时，他不仅仅在学习语句，同时还在学习与这些语句相关的思想。同时，互联网企业追求创造故事与迷思，这些高深词语的使用，也有利于其在新品发布会上给消费者带来一个个充满神秘与创新的神话故事。

  但人们真的喜欢这些黑话吗？一份《互联网行业黑话指南》曾一度流行于网络，不少网友直呼看着就难受；前段时间有一位脱口秀演员在节目中直接调侃这种名词文化；知乎微博等平台上也有不少人抱怨吐槽这种"鸡肋"的话语框架……对使用者来说，从零开始学习黑话是一件困难的事情，是额外的工作任务与隐形的工作要求；对普通听者来说，高深的词语初听还能不明觉厉，但自己仔细琢磨之后，又会深感其华丽词语的背后的空洞乏味。

  互联网精神包含开放、平等、协作、快速和分享，它既是互联网生命力之所在，也是新经济能否发展的命脉。然而黑语的泛滥使用，不仅在行业内部竖了一堵专业与非专业、老手与新人的围墙，还在外部也造成了从业者与非从业者的认知理解断层——这堵"语言的围墙"与互联网的本初精神不符。互联网行业追求工作的效率，而有效的沟通，取决于沟通者对于议题的充分掌握而非措辞的优美。当我们感叹"多讲人话"的时候，渴望的是一个畅通的沟通管道，一场彼此理解的谈话。语言在发展的过程中本是破除壁垒、让词语更加易懂的过程，而不是让人与人的交流倒退地出现越来越多的隔阂。

2021年4月，一篇名为《互联网黑话泛滥："语言的围墙"背离互联网精神》的新闻评论发布，其写作背景为字节跳动在九周年演讲中一段充斥"深度共建、自然势能、价值链路"等互联网黑话，讽刺当今"黑话文化"的"八股文报告"。这是一个非常新的话题，此评论结合互联网精神与黑语泛滥使用现象进行评论，指出"语言在发展的过程中本是破除壁垒、让词语更加易懂的过程，而不是让人与人的交流倒退地出现越来越多的隔阂，有新意也有公众的关注。"

其次，好的选题必须体现广阔的视野，有现实针对性。好的评论应触及社会的"神经"，能够真正针砭时弊，而不是大话、空话、套话，泛泛而谈。

案例

配音兼职为何成了大型"智商税"？
2022年3月22日　《澎湃新闻》　吕京笏

在"信息茧房"密布的网络空间里，如果说有一类内容几乎实现了对所有年轻人的"无差别轰炸"，答案一定少不了配音兼职、有声书录制培训等广告。曾几何时还十分小众的配音工作，近年来在短视频等社交媒体平台野蛮生长，甚至成为了当代年轻人，尤其是大学生和宝妈群体中最火的兼职之一。

这并不难理解。大多数年轻人都希望能利用业余时间，通过兼职的方式赚些外快，既能补贴生活，也与心中的"小目标"更近一些。配音兼职广告，恰恰迎合了这种心态，"低门槛，高收入""轻轻松松月入过万""你要悄悄发财，然后惊艳所有人"等话术，正中年轻人们幻想的靶心，于是才能掀起一股又一股配音热潮。

然而，以为捡到了馅饼的年轻人，却在不知不觉间走进了陷阱。"物以稀为贵"，若真的门槛极低，谁都能做，又怎会对应着高收入呢？事实也确实如此，不少年轻人参加了一两个月速成培训后，接到的单大多一小时只能赚几十元，甚至几元，劳动的性价比极低。一些高收入招募，则对专业能力、工作经验等要求极高，普通人根本接触不到。

更可怕的是，配音培训行业乱象频出，有的拖欠押金，或者直接玩失踪；有的叠起了价格"套娃"，不断诱导学员升级课程，从几千元升到几万元、十万元；有的培训机构推出的"分期付"，照抄《扫黑风暴》中"美丽贷"的套路，然后把绳索越勒越紧。不少涉水过的学员纷纷在"逃离"后表示，宣传很美好，现实很恐怖。

毫无疑问，这些培训机构涉嫌虚假宣传、非法发放贷款等诸多违法行为，必将得到法律和有关部门严惩。而如果拉长观察的景深，会发现类似套路已并非新鲜事物。无论十几年前的学十字绣然后加工十字绣换钱，还是前几年的学模特拍封面、学英语当翻译、学手机做刷单，无非"新瓶装旧酒"罢了——利用人性的弱点，用同样的手段，套路同样的心态。只不过，传播的介质从报纸中缝变为了墙上小广告、手机短信，再到今天的智能互联。

可以说，一部"割韭菜"的套路史也是一部我国的广告媒介变迁史。值得深思的是，配音兼职培训是如何成为一种现象级传播内容，火遍大江南北的呢？答案还是要从社交媒体中找。一方面，社交媒体已经成为生活中的"基础设施"，算法又对用户进行了精准画像，因此可以轻松推送到各路大学生、宝妈，以及对兼职感兴趣的群体的手机上。

另一方面，今天的广告也玩起了新花样。比如在某问答平台搜索"大学生有什么赚钱的兼职？"，最高赞的几个回答中一定有"配音"。只不过这种广告以第一人称叙述出来，让很多用户误以为是真人真事，增强了信任感；还有一些生活博主，会在自己的生活 Vlog 中，以特别浪漫的方式植入软广，比如"我吃过了晚饭，坐在沙发边做配音兼职，轻松有趣又可以赚钱，万物明朗，未来可期"，这种沉浸式广告更容易让观众"上头"。

说到底，配音兼职成为一场"盛大"的智商税，是法律问题、经济问题，也是传播问题、平台治理问题。其发端于线上线下的联动，治理时也要多管齐下。一方面，平台要擦亮双眼，健全虚假广告识别、举报机制，严惩植入虚假宣传的博主；另一方面，公安、市场监管等相关部门要握紧拳头，手持利刃，斩断培训机构的非法盈利套路，规范配音培训市场。

这个选题从何而来？——从街谈巷议中，从我们的日常生活。正如文中所提到的，在"信息茧房"密布的网络空间里，如果说有什么内容几乎实现了对所有年轻人的"无差别轰炸"，答案一定少不了配音兼职、有声书录制培训等广告。大家都一定在不同的平台上看到过这个广告，说不定也都怦然心动过。这个评论的选题从大家关注的话题入手，并且是一个新问题、新现象。同时，在这个选题中，作者立足于整个社会，分析这样的广告折射出了哪些社会问题。这篇评论直指配音兼职的一些问题，甚至骗局。这也使这篇评论有了价值。

二、新闻评论选题类型

新闻评论的选题可大致分为事件性选题、非事件性选题和周期性选题，不同类型的选题的侧重点有所不同。

1. 事件性选题

一般来说，事件性选题的触发点是一些引人注目的事件，比如一些会议、活动、政策出台、突发事件等。在这一类选题中，要重点关注重要性、显著性、争议性和普遍性。

重要性是指选题的标准是对公众影响程度较深、受众数量较大。比如，每年的两会、国家出台"双减政策"等都属于这一类，影响着广大公众的切身利益。

显著性是指事件也许并不重大，却是社会关注的热点与焦点。比如："刘学州事件""空姐搭顺风车遇害案""天才儿子金晓宇"等。

争议性是指要选取有矛盾、有争议的选题。如果社会已经达成共识的，相对来说评论的价值就要低一些。2019年4月15日，法国巴黎著名地标建筑巴黎圣母院突然遭遇大火。这本应是人类文化遗产的一次巨大损失，却有人拍手叫好，说"想想八国联军当年做的事儿，这个就不冤了"。这就是一种"同态复仇"的形态，是一种非理性、非现代的社会思维方式和行为理念。所以有评论指出："勿忘国耻是每个国人的必修课程，然而面对声势浩大的舆论浪潮切不可丧失了理性，随波逐流催动恶性的群体极化。"

普遍性则要求选题是与大家生活密不可分、息息相关的。比如"医患矛盾""食品安全"问题等。

2. 非事件性选题

非事件性选题是指目前的情况、发现的经验或问题等概貌性或阶段性的内容，内容并非突发，是一个慢慢培育的渐进过程，比如"人口老龄化""盲盒经济""内卷"等。非事件性选题首先得是大众广泛关注的，其次要求有较高思想性，同时能够总结出一些规律性的内容。一定要记住，新闻评论是就事论理，一定要跳出老生常谈，跳出问题或现象，看到一些本质的东西。

案例

痔疮膏与口红联名？别把"国潮"玩坏了！

2022年4月20日　《半月谈》　李鲲　栗雅婷

"国潮"正在成为一个消费热词，浮雕故宫雪景的口红、致敬"诗仙"李白的跑鞋、大白兔奶糖味的香水……国货品质不断攀升，俘获消费者，这是民族自信应有的消费变化。但是，当野蛮生长的"国潮"与质量一般、价格虚高、涉嫌抄袭等问题"频繁捆绑"，"国潮"则可能成为频频刺痛消费者的"概念"。

所谓"国潮"，一般指带有中国文化特色的国货品牌和潮流单品，《百度

2021国潮骄傲搜索大数据》报告显示,"国潮"过去10年关注度上升528%。

然而,不少"国潮"品牌却本末倒置,过分重视营销,忽略产品质量和产品设计。有消费者抱怨,搜索"国潮"服装,满屏都是印着汉字、祥云、仙鹤的衣服,同质化严重,仅仅把中国元素进行简单堆砌,价格却水涨船高。更有甚者,为了贴上"国潮"标签,痔疮膏硬与口红搞起"跨界联名",消费者直呼"辣眼睛"。

此外,部分以"独立设计"为卖点的"国潮"产品深陷抄袭风波,有的产品则部分"借鉴"国际品牌的设计思路,使"国潮"被调侃为"国抄"。还有一些"国潮"产品,质量"红灯亮起",让消费者的"情怀滤镜"碎一地。

在"国潮热"之下进行"冷思考",不难理解,产品设计中突出中国元素是文化自信的体现,但如果"国潮"继续"野蛮生长",最终对国产品牌发展不利,更会影响国人自身及外界对中国的文化认知。

首先,要警惕把"国潮"一词"做空"。国货挂靠"国潮"涨价,可能会在短期内聚集部分因"好奇"而来消费者,但当消费者支付几次较高的费用之后,如果发现产品质量并没有随着"国潮"概念提高,自然就会放弃。

清华大学经济管理学院教授金占明表示,在"注意力经济"时代,营销对品牌发展非常重要,但"国潮"的根基是产品自身,不管营销做得有多好,如果产品价格偏离价值太多,终究是昙花一现,最后会被消费者抛弃,长此以往还将影响整个国产品牌的可持续发展。

其次,要警惕把中国文化"做窄"。在"国潮"风作用下,中国文化有了具象的载体,但如果做不好很容易产生副作用。特别是对国际而言,外国消费者容易在"国潮"之下,把内涵极其丰富的中国文化等同于京剧脸谱、祥云等符号。

天津郁美净集团有限公司董事长史滨表示,如果只是将表象的中国历史图腾变成"国潮"的代名词,其实并没有真正理解和传递中华上下五千年的文化底蕴,也会将国内青少年的文化认知"做窄"。

再次,要警惕中国制造"做烂"。产品的核心是品质,如果"国潮"外观能带来涨价,就会让更多国产品牌想走这条"捷径",放弃创新。史滨表示,国货依靠外观涨价,很容易催生仿冒产业,进而影响整个中国实体经济发展。

在国际上,"国潮"流行代表的是整个"中国制造",金占明说,"一个产品如果质量不过关,在营销时就更不应该掺杂过多中国元素、贴上'国潮'的标签,这样的产品不仅损害企业发展,更会损害国家形象,不利于国货走出国门。"

虽然面临的问题不少,但多位业内人士表示,不管如何,"国潮"兴起为国货再度走红开了个好头,接下来应由企业、监管部门、消费者三方同时发力，提升"国潮"产品质量，讲好中国品牌新故事。

金占明认为，产品质量第一，设计中采用的文化符号应尽可能体现中华文化内涵，而不是单纯为了博眼球而搞联名、树IP。天津财经大学教授丛屹表示，对"国潮"品牌要加强监管，尽快建立行业组织，探索行业标准和规范制定，实现行业自治与政府监管的有效衔接。

与此同时，不少业内人士指出，作为"国潮"服务的"终端"，最有发言权的消费者，也应对设计抄袭、产品质量低劣等乱象及时反应，用法律武器维护自身合法权益。

本文以"国潮"为话题展开评论。作者通过日常的观察与积累发现选题当时"国潮热"这一现象，并以此为选题，对该现象进行"冷思考"，进一步提出当前"国潮热"可能出现的问题与解决方法。

3. 周期性选题

周期性选题在实践中最需要注意的就是突出时效性。比如每一年都有国庆，都有"3·15"，都有纪念日，那么这一年与往年有什么具体的不同，这就是周期性选题要注意的问题。

案例

"香火排行榜"让网络祭祀变了味儿
2023年4月3日　"新京报快评"　王钟的

"绿色缅怀，永久传承""让思念没有距离"，近年来，在网上为逝者创建纪念馆，陈设花圈、香烛、食品等电子祭品，成为清明节缅怀先人的新风尚。但据北京日报客户端报道，有的线上祭扫平台不仅将电子祭品明码标价，还设置了"香火"排行榜，用户花钱多少就是排名依据，令人难以接受。

为此，中央网信办、民政部也于近日发布通知，要求网络祭扫平台巧设名目收取高额服务费、售卖豪宅文玩等导向不良网络纪念品，严禁设置"香火"排行榜等诱导充值的功能。抵制网络祭扫歪风邪气，共建共享文明新风尚，是监管部门和全社会的一致追求。

数据搜集和统计展示，确实是互联网技术的优势所在。很多类型的互联网平台都设置有"排行"功能，用户通过排行榜可以了解热点时事、热销商品、人气主播等各类信息。然而，网络"香火排行榜"却让人心里不是滋味，这不仅有违节俭祭祀的文明风尚，还破坏了本该庄严肃穆的祭祀氛围，丧失了面对先人应有的虔诚与敬畏。

禁止"天价"墓地，限制葬礼和祭扫活动大操大办，是现代文明对现实祭扫活动提出的要求，这个道理同样适用于网络祭扫。在网络祭祀活动中铺张浪费，甚至是争排行、出风头，不仅有违祭祀本意，更是对先人的不敬和冒犯。

建立网络祭扫平台，为网络用户提供缅怀先人的便捷途径，固然需要一定运营维护成本，平台追求适当盈利也无可厚非。但是，如果利用用户对逝者的追思，把网络祭祀当成"聚宝盆"，追求暴利、诱导巨额消费，恐怕是拨错了算盘。

现实中，不管是公益性公墓还是经营性公墓，监管部门都严格实施价格规范和管理，要求不得哄抬墓位价格以及进行价格欺诈，并主张文明低碳祭扫方式。网络祭扫的出现，其一大初衷就是用文明节俭取代铺张浪费。如果网络祭扫也满是浓浓的"铜臭味"，便失去了其存在的意义。

让逝去的先人享有安详，是祭祀文明的内在价值要求。有的网络平台把网络直播、社交的一套嫁接到祭扫活动中，甚至推出"周榜""月榜"，诱导用户"豪掷千金"，这让九泉之下的先人何以安生、寄托哀思的缅怀者何以自处？

近日，民政部例行新闻发布会指出，2022年网络祭扫人数首次超过现场祭扫人数。随着人们对网络祭扫的接受度越来越高，规范网络祭祀的重要性、迫切性日益突出。相比线下提供祭扫服务的机构，网络祭扫平台的准入门槛相对要低，但该守的规矩还是要守，不能触碰底线的决不能碰。

比如，除了规范服务收费，网络祭祀平台也须尽到信息审核义务，防止虚假信息的发布和传播。类似"人还活着却被网络祭奠4.3万次"的新闻，不仅让旁观者哭笑不得，也是对当事人人格名誉的极大冒犯。网络祭祀服务是否符合公序良俗，用户发言是否合乎伦理，都应当纳入监管的考量。

清明节将至，这个慎终追远的日子，也是推广文明祭扫、倡导移风易俗的良好契机。当此之时，网络祭扫平台不能满足于对传统祭扫的虚拟化，更不能借机大搞"香火"排行榜敛财聚宝，而是要努力提供创新性服务，将追思缅怀逝者与弘扬优良家风的功能相结合，推动形成社会新风尚。

清明节祭祀是每年都有的话题，具有一定的周期性。但本文将写作的重点放在网络祭扫这一新兴的热点上，针对在网络祭扫中存在的问题进行评论，更具有时代的针对性。

三、新闻评论选题的来源

新闻评论的选题，大致可以通过以下渠道获得：

一是从政策文件中挖到选题。好的评论员一定是一个了解时代的人，也一定是一个善于从政策文件中找到选题的人。2022年12月1日，我国第一部公厕管理地方性法规——《成都市公共厕所管理条例》开始实施。这是当时全国唯一一部对公厕建设管理进行立法的地方性法规，条例中首次提出："有条件的公厕应当设置'第三卫生间'"。成都市双流区融媒体中心以此为选题切入口，发表广播评论《"第三卫生间"应该被看见》，选题从政策入手，内容贴近生活、贴近群众。该评论获第三十三届中国新闻奖三等奖。

二是在媒体的报道中获得选题。这是新闻评论选题最主要的来源，通过媒体的报道抓住新闻线索，找到选题。2022年5月26日"工人日报客户端"发布的评论《建议专家不要建议》就是从连续登上微博热搜的"建议专家不要建议"的新闻切入，分析了这个热门议题存在的原因，也表达了对专家好好说话的期待，如多一些"爱惜羽毛"、多一些审慎科学、多一些设身处地和人文关怀等。

三是在一些突发事件中抓到选题。2022年7月以来，重庆持续高温晴热。8月21日22时30分许，重庆北碚区虎头村凹儿坪发生山火，火势一度蔓延；25日23时，经过各方救援力量奋力扑救，重庆市北碚区歇马街道山火明火已有效封控。在此背景下，《重庆日报》在8月25日的重庆日报头版推出重磅"俞思平"文章《致敬重庆致敬人民》。但要注意的是，在突发事件的处理中，一定要注意核实事件的真实性，警惕假新闻、假事件导致的舆论反转、反转新闻。

四是从街头巷议中找到选题。如2022年5月，某餐饮联合宝可梦推出的盲盒套餐风靡社会，一时间诸多年轻人为了"可达鸭"而疯狂购买相应套餐，甚至出现了远程代吃等服务。基于此，很多评论员撰写评论，对此发表看法。

好的选题需要评论员有较强判断力，能够把隐藏的新闻线索挖掘出来，引领舆论。要做到抓住好选题不放手，可以从以下方面入手：

首先，善于运用网络的同时要跳出互联网的束缚，打破信息盲区。作为"网络原住民"，年轻人都很喜欢在网络上找信息，这是好事。但也不能完全依赖网络，做一个万事只会搜索的"搜索一代"。孟子曾说过"尽信书，则不如无书"，在网络时代也要做到"尽信网，则不如无网"。有时候，跳出"信息茧房"的束缚，走进社会，才会远离泡沫议题，找到真真正正有价值的选题。

其次，好的选题可能隐藏在伪问题之后，要善于"拨开云雾见青天"。前两年有全国政协委员提出"防止男性青少年女性化"的议案，2021年1月教育部作出答复，指出要注重"阳刚之气"的培养。其实，大家来看，这里面就藏着伪问题——"培养阳刚之气"与"去女性化"一定是对立的吗？是否存在"污名化"女性的问题？当拨开这些迷雾的时候，我们的选题就会更有针对性，更能直击"真问题"。

> 案例

培养阳刚之气的对立面不应是"去女性化"
2021年1月30日　红网-红辣椒评论　唐凡婷

　　1月28日，教育部答复防止男性青少年女性化提案，表示将从深入开展健康教育及加强青少年心理健康教育相关问题研究等方面更好地解决这一问题，更多注重学生阳刚之气培养，一石激起千层浪，引起了激烈的性别讨论。

　　跳出来看，教育部只是针对这个提案里跟教育相关的内容进行回复，主要是体育方面，且并未提及性别。真正值得讨伐的应该是这个隐含性别歧视的提案。提案中称男性青少年有着"女性化"趋势，缺乏"阳刚之气"，成因是受到教育和生活环境影响。

　　首先，讨论男性气质"女性化"这个问题本身就陷入了性别歧视。男女平等在法律上虽说是拥有同样的权利，但在根深蒂固的思想下并非如此。在今天平等认知的一个大前提之下，所有的性格特质应该是无差别对待的，类似勇敢、有担当这样的评价其实是对一个人的评价，而非建立在某一个性别之上的评价。阳刚、阴柔包含的品格不应有男女之分，女性也可以刚强，男性也可以柔和。事实上，性别气质本身就是多元独特的，世界也正是因不同而大放异彩。

　　其次，"女性化"不应被污名化，原提案中的"女性化"指向的是柔弱、自卑、胆怯，带有明显的贬义色彩。需要清楚的是，女性化只应该仅仅指的是女性的某些特征，而不等同于胆怯、弱小、懦弱。阳刚之气并非是行为更男性化，而是指有责任感、有担当、坚毅等优良品质，这些女性同样也值得注重。双性化理论模式认为，个体可以是双性化的，即他（她）可以既具有男性化特质也具有女性化特质，女性也可以有阳刚之气。

　　究竟该如何引导青少年健康成长？每个孩子都有自己的性格特征和偏好，教育的重点应是以尊重为前提、有目的地培养人，而不能将一些模棱两可的难以定义的性别特征标准化，甚至限制他人的自由意志。另外，注重学生阳刚之气的培养并非为了让"女性"更像"男性"，也不是为了让男性"去女性化"，仅仅只是培养男女共通的美好品质罢了。

最后还需要注意一些需要适当回避的选题。如尚未调查清楚真相的事件，在做选题时要谨慎，须先辨真假。另外，在一些刑事案件或者血腥暴力事件发生时，也要警惕发声，不要忽视新闻伦理，更不能向舆论场输出一些不堪一击的价值判断。

第三节　新闻评论的立论

圣人见微以知萌，见端以知末，故见象箸而怖，知天下之不足也。

——韩非子

在确定了新闻评论的选题后，就需要进行立论，也就是确定"如何评论新闻"。选题决定"写什么"，而立论则是确定"如何看"。

一、新闻评论的角度

简单来说，选题是写什么话题，而所谓的角度则是指我们该站在什么样的位置和角度来评论这个选题。

2023 年年初，关于大学生"脱掉孔乙己长衫"的言论在社会上引起争论，本科生就业问题再度引发关注。从选题层面来说，就业问题属于现象类选题，有争议，也有关注度，这也是媒体争相报道与评论的原因。针对同一个选题，不同媒体会根据编辑方针、媒体定位、受众定位等来选择评论的角度，如有媒体选择以"大学生心态"为立论角度，分析当前大学生就业难中的学生因素；亦有媒体站在教育层面，分析当前高校教育痛点问题。这就是同一个选题的不同角度。

写作者对某个事件的具体观点，可以称为新闻评论的灵魂。对于初学者而言，写不好评论很大程度是因为其对自己要说什么并不清晰，更不清楚自己是站在怎样的角度分析问题的。

对于评论写作者来说，需要时刻提醒自己找准定位，找好新闻评论的角度。

具体来说，找好新闻评论的角度首要的就是要"在盲区中找角度"。何为盲区？即事件中被忽略的群体，我们要看到问题背后真正的矛盾与诉求。2022 年年初，一些地区陆续发布的建筑业清退令，其中内容主要包括"禁止 60 周岁以上男性及 50 周岁以上女性三类人员进入施工现场从事建筑施工作业""禁止 55 周岁以上男性、45 周岁以上女性工人进入施工现场从事井下、高空、高温、特别繁重体力劳动或其他影响身体健康以及危险性、风险性高的特殊工作"等。舆论场中的评论声主要包括两方面。有人说，确实应该，因为人岁数大了，身体不好了，而且反应慢了，容易出事；也有人认为不该如此，因为有人还老当益壮，这样一刀切之后，他们的生活没有保障了。面对这样"公说公有理婆说婆有理"的情况，评论到底该怎样找角度呢？

其实在说这个问题的时候，很多人都忘了真正的主角——农民工群体。他们到底需要什么？如果真正找到这个群体，真正去分析，就知道农民工群体真正需要的讨论不是"清退与否"，无论清退与否，如何解决自己的后顾之忧才是他们最关注的话题。

要找准新闻评论的角度，可以从以下几个方面入手：

一是以小视角切入。有时候越大的事情，越重要的新闻，越是可以从微观的角度来切入，以小见大，引发共鸣。

二是从宏观大局切入。这与"以小视角切入"并不矛盾，它指的是一些小事和个案，如果用太过微观的角度来就事论事，会影响评论的深度，因此要站在较高的角度去论证。但要注意这种角度的切入切忌大话、空话。

案例

正义社会需要更多"一声吼"

2017年3月31日　中国青年网　武亚姮

"人家都哭得稀里哗啦的，可怜呢，你还在骗人！"一位白衣天使大声呵斥医托的视频在网上引发普遍关注。网友义愤填膺，曾经被医托坑过的那些记忆像潮水一样涌现在评论中，同时不忘的是为这位勇敢的护士的一声怒吼点赞。

医务工作者呵斥医托本是一件平凡的小事，是一位医务工作者出于职业素养的本能，但医托常见，"呵斥医托"却不常有。"天下苦无良医生、医托久矣"，白衣天使的这一声怒吼，吼出的是万千患者的心声，是众多上过当受过骗的普通百姓的委屈。这一声吼，不但喊出了社会的痛点，道出了个体维权的心酸，而且打破了人群中的沉默，如劈开黑夜的阳光，为围观者带来一缕正义的希望。可以说，这一个人的路见不平，带来能量巨大的改善力量。

近年来，我们见证了多位面对不公奋起抗争的"豪杰"。"彻底杜绝号贩子"是民众多年的夙愿，因为东北女孩一声怒吼，最终带来了医疗体系中众多的实质性变革，促成了实名挂号跑步进入施行阶段。2016年两会的部长通道中，国家卫计委主任李斌甚至说："我要感谢那位姑娘，一声吼，推动了老大难问题的解决。"和颐酒店遇袭，受害者弯弯不退缩，最终让不法分子伏法，各类女性安全话题被热议讨论，酒店色情服务问题被正视，有力地促进了相关领域的进步发展。而就在几天前，成都火锅店员工屈文拍视频举报大虎老火锅回收旧油，在他的努力之下，火锅店的牛油和底料已被查封，替一方百姓除了恶……倘若没有他们的不妥协，那些侵害民众合法权益的人恐怕仍在嚣张跋扈。

但"一声吼"式的勇敢依旧珍贵而稀缺。这些"怒吼式"维权之所以引起轰动，从反面验证了正义的守护者仍然太少太难得。风险社会中，人们都保持着高度的戒备心，面对风险困难倾向于选择规避和沉默，秉承"枪打出头鸟"的老旧观念，能不出头就不出头。然而，如果在社会中人人都力求自保，这种可怕的沉默只会造成更大的纵容，并将我们都置于互害的恶性循环中。我们一边争做沉默的羔羊，另一边，却不曾放弃对"超级英雄"的期待，但忘记自己与超级英雄之间只差一步行动。

崇尚公平正义的社会呼唤更多的"一声吼",需要更多这类不甘于沉默的声音。医托、号贩子、无良商人……这些扰乱百姓正常生活秩序、破坏公平正义的行径,因为擦着法律的红线行走在灰色区域而一直处于有恃无恐的状态。面对这些行径,需要我们摒弃"旁观者"的心态,跳出"枪打出头鸟"式的思维困境。一声怒吼,能够牵动人们心中不灭的热望,而不甘沉默的声音,能唤醒公民权利意识,带来公民互助取暖及反思自我的历练。每个人都是一盏烛火,不甘于沉默的声音如果越大,光明所及之地就越是广阔,而黑暗所占据的范围也便会越来越小。

我国正处在全面建成小康社会的决胜阶段,而正义正是小康社会的应有之义。我们为"一声吼"点赞,更应该为"一声吼"助力。如果人人都能以负责任的公民心态积极参与社会治理,效仿这些不甘沉默的人们,敢于在关键时刻一声吼,社会公平正义将会有更多的守护者,而我们心灵的小康社会也必将更为充盈丰富。

2017年3月,一位白衣天使大声呵斥医托的视频在网上引发普遍关注。这是件小事儿,但是《中国青年报》却引出了"正义社会"这样的话题,"我国正处在全面建成小康社会的决胜阶段,而正义正是小康社会的应有之义","崇尚公平正义的社会呼唤更多的'一声吼',需要更多这类不甘于沉默的声音。"这篇评论跳出了就事论事的角度,从"小康社会""正义"的角度着手分析,富有新意。

三是要有逆向思维,打破常规思路、独辟蹊径。2022年"3·15"晚会上插旗菜业的"老坑"酸菜引发争议,但都是站在"食品安全""企业诚信"等角度,有一个评论作者发现在插旗菜业事件之后"白象方便面"火出圈了,她在查找资料中又发现关于白象企业雇佣残障人士这件事,网上不乏"键盘侠"的攻击,于是,她便从"网络暴力与企业良心"角度展开论证。笔者认为至少这是个不错的尝试。

四是要进行深度探索。新闻评论之难,在于它不太可能拍拍脑门就能写好,需要有思考的深度,因此,新闻专业学生可以尝试"死磕"某一个专业领域,从专业入手找到角度进行分析。

案例

把握"谣言公式"中易被忽视的变量
2017年5月8日　《光明日报》　王丹

微信朋友圈中分享的7条有关食品安全的内容有5条是谣言,这是当前不少老人社交媒体圈中的真实图景之一。媒体开展的一项调查结果显示,50岁以上的调查对象,接近半数的人每周会转发一两次食品安全类文章,但对于文章的正确性和权威性，接近6成的人表示"从没怀疑过"。中国科学院相关统计报告显示，当前，食品安全谣言占我国各类网络谣言的45%，位居第一。其中，老年人无疑是谣言重灾区。

传递情绪，早已被不少自媒体奉为打造"10万+"的黄金法则之一，谣言制造者们似乎也深谙此道。动辄冠以"十万火急""速转"外加几个惊叹号挑动情绪，或者通过"致癌""致死"等字眼煽动恐慌，甚至通过移花接木炮制假视频制造"真实可见"的观感。虽然其中不少谣言都已是"陈年老梗"，但每次"重出江湖"都依旧能收获大量点赞和转发。

食品谣言为什么"这么红"？大抵逃不出传播学者克罗斯提出的谣言公式的解释框架，即谣言流通量＝问题的重要性×证据的模糊性÷公众批判能力。也就是说，谣言的能量有多大，既同事件与人们的接近性和关联性有关，也取决于真实信息的透明度，同时受制于受众的甄别能力与水平。随着人们对生活品质观念的提升，健康养生早已成为不少人尤其是老年人的信息刚需，而微信的熟人传播与闭环路径不仅不利于谣言的澄清，其裂变式技术逻辑更加速了谣言的扩散，信息"灰色地带"就在这一增一减间拓展了。再加之，不少老人缺乏对新媒体的充分认知，将对传统媒体的信任感天然迁移至新的传播平台与环境中，缺乏正确且及时的科普信息及反馈，谣言就不免被选择来填充认知沟壑。

食品谣言被列为"网络公害"并不是新近发生的事情，从传播学、社会学和心理学等多个纬度对谣言肆虐的剖析也不在少数，但谣言的"野马"并未被勒住。俗话说，传谣动动手，辟谣跑断腿。造谣传谣与辟谣的成本剪刀差之大，抑制了不少主体破除谣言的动力。借助一些谣言粉碎平台戳穿谣言"套路"和背后的利益暗流，创新传播让事实和真相尽早抵达公众身边，让包括监测、预警、发布、处理及追踪反馈在内的一整套应对策略常态化、制度化、日常化，是破除谣言的不二之选。但要从根本上纯净我们的信息场，还应把握好"公众的批判能力"这一最大也是最持久的变量。

2015年发布的第九次中国公民科学素质调查结果显示，我国具备科学素质的公民比例是6.20%，换句话说，平均100个人中掌握了基本的科学知识、具备基本的科学素养和思维只有6个人左右。这是我们把握"公众的批判能力"这一变量的现实语境。包括科学素养、媒介素养等在内的"批判能力"的提升注定是一个漫长的过程。因此说，谣言治理，不仅是技术活，也是良心活、耐心活。在"健康中国"的视野中重新审视食品安全问题，在"全面依法治国"的背景下全链条做好从有形的食品到无形的信息的安全监管，健康真相才有可能跑在谣言前面。

说回老年群体，我们不能总是在谣言风雨后才想到要改变他们的"易感体质"，也不能总是在重阳节才想起要陪伴他们跨越数字鸿沟。缓解他们的健康焦虑、提高他们的健康认知水平，全面提高他们的科学素养，尤其是对抗信息接收中的偏颇吸收和群体极化，包括子女、媒体、政府等在内的多方要做的工作，显然还有很多。

本文以"老年群体中健康谣言传播"为选题，符合2017年前后社交媒体刚好兴起、内容生产层面存在诸多问题的时代背景。评论将较为专业的传播学知识"谣言传播公式"作为立论角度，较为新颖。

五是要超前思考、分析，找到合适角度。这也就是将目光锁在未来可能发生的事情上，用预言来评论。这在评论文章里不多见，但这种预言并不是胡说，而是要建立在严密论证逻辑推理上。

二、立论的基本原则

论点，即一篇评论的观点，是新闻评论最核心的要素，是灵魂和核心。读者看新闻，想看"发生了什么"，事实和真相是什么；看评论，则是为了知道"应该如何看待这件事情""新闻反映了什么问题"。所以，评论是"提供判断"，而论点则是判断的总结。

要做好立论，首先要判断新闻事实的真伪。新闻评论是基于新闻事实的评论，因此，真实性不可或缺。缺少真实性的评论，就是无源之水、无本之木，再精彩的论点都站不住脚。在确定论点前，要先确认消息来源是否权威，信息的发布者立场是否客观、是否符合社会常识等。

此外还要考虑论点的价值。具体来说，要考虑新闻评论的观点与多少人有关，其影响的深度如何，还要考虑评论是否对现实有一定的指导意义，是否做到了针砭时弊。

同时，立论还要基于事件的真实成因，不能随意下定论。写作者要考察事件属于什么性质的问题以及发展的根本原因。

最后，好的论点，不仅要能适用于所评之事，还要能够适用于相关的其他事，具有广泛适用性。相反，有些评论就事论事，缺乏拓展，显然论点就有待商榷。比如有评论结合某一个个案得出"女子婚姻幸福度与学历成反比"的论点，在其论证中完全陷入自说自话的陷阱，这样的论点显然不具备适用性。

总结起来，新闻评论的立论应遵循以下原则：

针对性原则。论点应能够针砭时弊，对症下药，正视迫切需要解决的实际问题，触及问题的实质，提出有针对性的对策建议。

创新性原则。具体说来即论题新颖、见解独到，选择新颖的立论角度是对常见问题的评论中独树一帜的有效手段。拒绝老生常谈或说一些正确的废话，需要注意的是，创新是基于符合逻辑推理的创新，而非剑走偏锋的另辟蹊径。

引导性原则。立论要适当超前，好的论点要能未雨绸缪、提示隐忧与建议，或要能审时度势、预测事物进程。

三、常见立论思路

打破常规、立足创新。评论反对人云亦云。好的立论，一定是需要打破常规思路，站在不一样的角度看问题，看到更深刻、更有时代针对性的问题。

> **案例**

00后立遗嘱，年轻人权利意识的折射
2022年3月23日 "中青评论" 黄帅

年轻人立遗嘱，在今天不是什么奇闻，而是越来越多人作出的现实选择。日前，中华遗嘱库发布《2021中华遗嘱库白皮书》，首次公布了"00后"遗嘱数据：2020—2021年的立遗嘱人群中，"00后"比前一年增长了14.42%。此外，"90后"立遗嘱总人数较去年相比，增长了80%。

如今很多"00后"还未成年，最年长的"00后"只有22岁，不少"90后"已经成家立业，有自己的财务规划。但总体来说，"00后"和"90后"绝非处在需要"直面死亡"的年龄，外界不免疑惑：到底是何种原因，让这些年轻人立遗嘱？

在传统观念中，国人对死亡话题十分忌讳。但死亡是每个人终将要面对的，死亡不只意味着生命的终结，与之密切相关的还有伦理问题，个人财产的处理等。死亡不只是一个生理问题，更是一个社会问题、经济问题。

讳谈死亡，并不会让人真的远离死亡。考虑生命中的不确定性和风险，是必要的未雨绸缪。尤其是年轻人的工作和生活压力巨大，有不少人面临健康风险，新冠疫情和突发的天灾人祸，也让一些年轻人看到提前安排身后之事的必要性。最近两年，"00后"和"90后"立遗嘱者变多，不乏有上述原因。在合适的时间，通过法律的方式来明确自己的身后事，也增加了年轻人抵御风险和不确定性的信心。

除了观念变化之外，经济问题是年轻人立遗嘱行为中不可忽视的因素。与死亡相关的遗产问题，在过去并没有引起国人的高度重视。用一些网友调侃的话来说，过去不少人"并没有什么值钱的东西留下"。但是，随着近年国人财富的积累，以及人们对私有财产和个人权利的重视程度越来越高，有一定资产者，就不得不慎重考虑遗产的继承与分配问题。

有很多"00后"虽然年龄不大，但父母积累了不少财产，同时会将房产、

股权放在孩子名下。因此，拥有大量财产的现实情况，也倒逼年轻人不得不立遗嘱，及早明确个人名下资产的归属问题。根据相关法规，在没有明确遗嘱的情况下，子女、父母、配偶是逝者财产的第一顺位继承人，但是，其中财产如何分配，以及是否要指定其他遗产继承人，则需要通过遗嘱来明确。

遗嘱涉及的个人资产，既包括不动产、金融资产，也包括一些"虚拟财产"。这也成为"00后"遗嘱中常见的内容。支付宝、微信、QQ、游戏账号等"虚拟财产"，其实与个人息息相关，对其足够重视，也说明年轻人的物权观念，能够随着时代发展而不断变化。

"00后"立遗嘱并不是闹着玩的事。随着个人财产的继承分配问题日益得到重视，年轻人立遗嘱的现象将更加寻常。相关部门要加强继承法律常识的宣传普及，增强全社会的法治观念，为提高遗嘱有效性创造条件。

年轻人立遗嘱，本身就是个社会新现象，再加上在中国传统观念中，国人对死亡话题十分忌讳，此篇评论首先直面这样的新话题，并且跳出生死，指出"死亡不只是一个生理问题，更是一个社会问题、经济问题"，这样的立论的高度显然优于老生常谈的"珍爱生命"。

站得高，看得远。新闻评论的立论创新还要求有一定高度，要站得高、看得远，站在国家的高度思考问题。

案例

让思政课成为校园里的"爆款课"
2022年3月18日　中国青年网　邓海建

三年前的3月18日，习近平总书记在京主持召开学校思想政治理论课教师座谈会并发表重要讲话，向全国大中小学思政课教师致以诚挚的问候和崇高的敬意。他强调，办好思想政治理论课，最根本的是要全面贯彻党的教育方针，解决好培养什么人、怎样培养人、为谁培养人这个根本问题。

育才造士，为国之本。思政课程，立本之基。

青少年阶段是人生的"拔节孕穗期"，思想政治理论课是学校里的"关键课程"。这个月15日，由北京市八一学校召集，北京、河北、甘肃、新疆四地十所学校齐聚线上，共同完成了一堂《从北京冬奥会看人类命运共同体》的主题思政课。随处可见的各类鲜活生动的思政课，培根铸魂、启智润心，写在时代的大地上，写进师生的心里面。

三年来，"大思政课"以润物细无声的方式，用习近平新时代中国特色社会主义思想铸魂育人，引导学生增强中国特色社会主义道路自信、理论自信、制度自信、文化自信，厚植爱国主义情怀，把爱国情、强国志、报国行自觉融入坚持和发展中国特色社会主义事业、建设社会主义现代化强国、实现中华民族伟大复兴的奋斗之中。

思政课是关键一课。德国诗人海涅说，"思想走在行动之前，就像闪电走在雷鸣之前一样。"有什么思想就有什么行动，有什么理念就出什么初心。思政课之所以是固本之课程、塑魂之课程，就在于思政课程，旗帜鲜明地着眼于"培养什么样的人""怎样培养人"以及"为谁培养人"的根本问题，成为赋能中国教育走上内涵式发展和高质量发展的内驱之力，成为给学生心灵埋下真善美的种子、引导学生扣好人生第一粒扣子的"关键课程"。在各类各级学校——课堂与课程，是思政课的载体；意义与价值，是思政课的旨归。

思政课不只是一堂课。"'大思政课'我们要善用之，一定要跟现实结合起来。"2021年全国两会期间，习近平总书记在看望参加全国政协十三届四次会议的医药卫生界、教育界委员时对思想政治理论课教师提出期许。这三年来，无论是脱贫攻坚，还是建党百年，处处是场景、时时入课程，内涵厚实、内容鲜活的思政课，在中华大地上活了起来。

思政课不是花架子、更不是走形式，因此，既要叫好、更要叫座。好的思政课，必须是"C位"主角、必须是爆款担当。思政课不仅应该在课堂上讲，也应该在社会场景中来讲。正如《高等学校课程思政建设指导纲要》所指出，"全面推进课程思政建设，就是要寓价值观引导于知识传授和能力培养之中，帮助学生塑造正确的世界观、人生观、价值观，这是人才培养的应有之义，更是必备内容。"让大思政课成为学生热捧之课，这是思政课建设顺其自然的趋势与追求。

思政课之"重"，如一棵树摇动另一棵树，一朵云推动另一朵云，一个灵魂唤醒另一个灵魂，是培养一代又一代社会主义建设者和接班人的重要保障。办好思政课，教好接班人，这不仅是我们的复兴使命，亦是时代的重任。

思政课是大学生的必修课，从选题本身来看这并不"新"。但此篇评论是在习近平总书记在京主持召开学校思想政治理论课教师座谈会三年之际，结合习近平总书记重要讲话而展开的评论，围绕"让大思政课成为学生热捧之课，这是思政课建设顺其自然的趋势与追求"展开一系列缜密、深刻的论证。正是因为站在这样的角度，才让"思政课"这样一个"日常"话题有了不一样的高度与深度。

站在"建构"的角度思考问题。立的论时候不仅仅思考 Why 层面，也可尝试着做一些 How 的思考。2021年12月28日《人民日报》发表评论《以数字技术促进新型文化业态发展》，提出数字技术与新型文化业态发展关系的几点思考，从操作层面指出需要平衡好科技与文化的关系，注重科技手段创新，更要注重文化内涵挖掘。

好的立论的前提是要分清"问题"与"诉求"，"我们擅长定义问题，却很少正面陈述需求"。什么是诉求，就是真正想要解决的问题，解决新闻评论中的"矛盾"，就是要把"问题"还原成"诉求"，把简单的对与错、要与不要，变成"我真正需要什么""这到底是为什么"，要围绕"诉求"展开评论。例如关于工作时间"996"的争论，单纯地评论"我同意"或"我不同意"显得意义不大。不妨想一想，老板在维护"我要996"的时候到底在维护什么？员工在抗争"我不要996"的时候到底在抗争什么？双方真正的矛盾点在于什么？思考后才能更好地立论。

课后练习

一、分析题

根据所学内容，请列出近期你认为很值得写新闻评论的选题，并简要分析其价值。

二、操作题

以职场"996"为选题，完成一篇不少于600字的新闻评论。

第四章

新闻评论的论据

本章学习要点：

1. 新闻评论中事实的作用
2. 新闻评论中论据的使用

离开了论据的支撑，新闻评论极其容易陷入自说自话的陷阱中，缺少公信力。要想把"私见"变为"公知"，为公众所接受，就必须发挥论据在新闻评论中的重要作用。

> 案例导入

愿老字号守得住经典，当得了网红

2020年9月12日　《经济日报》　韩叙

近几年，老字号企业刮起了一股跨界风。大白兔推唇膏，同仁堂开咖啡店，泸州老窖卖香水，马应龙出口红，"狗不理"卖面膜……"脑洞大开"的各种操作让人眼花缭乱，惊叹这世界实在变化太快。

应该说，老字号扎堆跨界有着现实原因。毕竟，跨界确实可以改变老字号产品单一、营销乏力的局面，充分释放自身品牌红利。另外，老字号要继续保持品牌活力，也要迎合当下消费趋势，融入年轻人喜爱的元素。

不过，跨界也有技巧，掌握好分寸是关键。

作为国民大IP，老字号每一块牌匾背后都凝结着几代人的心血。如果自身品牌定位不清晰，对发展方向缺少基本预判，一味想着"摊大饼"，各种"创新"就会变成噱头，最终伤害品牌本身。审慎分析自身优势与劣势，基于自身核心竞争力拓展商业空间，寻求专业平台、专业人士加持才不会让跨界变成"脱轨"。

比如，在老字号中跨界较早的云南白药，将云南白药活性成分运用到牙膏产品中，在竞争激烈的牙膏市场中开辟了一条新路，实现了品牌有效延伸，创造了国货牙膏高端形象，获取了较高品牌溢价。其成功逻辑在于品牌本身继续在具有强大优势的主业轨道上狂奔，同时利用自身配方和品牌优势，创造能接触到消费者"痛点"的跨界产品，从而在市场中独树一帜。

与之相似的还有最近火爆京城的同仁堂咖啡店。同仁堂咖啡店的大名是"知嘛健康"。店里不仅提供枸杞拿铁、罗汉果黑咖啡、清热甘草拿铁、益母草拿铁等咖啡种类，还提供养生汤品、草本茶饮等。这些新品确实戳中了不少消费者的"痛点"。此前，不少天天枸杞泡水的消费者徘徊于咖啡店之外，进与不进当真两难。枸杞拿铁显然能帮助这些消费者跨过心理门槛。围绕消费者"痛点"做文章，这正是同仁堂跨界咖啡的成功之处。

当然，老字号中还出现了更"硬核"的跨界产品，比如马应龙。作为一家靠医治痔疮起家的企业，马应龙跨界美妆，先后推出了眼霜、口红等一系列爆品。

马应龙的选择算得上众多老字号跨界转型中最艰难的一个。可以说，它"一脚跨进了另一条河流"。不过，其美妆产品就像其药品一样品质出众，因而迅速形成了口碑效应，并入选各大美妆排行榜。这背后更多的是其研发团队长年累月的技术积累，远非一日之功。

相比其他完全跨界的企业，马应龙的成功之处在于"两条腿走路"。一方面，主业依旧稳健；另一方面，在新业务开拓上耐得住寂寞，一步一个脚印地寻求做大做强。这样的选择虽然艰难，但也不失为一条可供选择的道路。

对于老字号来说，创新创意的难点不在于形式，而在于如何让品牌常青。时下，"互联网+"持续发力，创意营销花样百出，为老字号传承发展带来了更多可能性。老字号需要做的是让世代传承的精湛技艺与时俱进，既留住老顾客，又吸引更多新消费群体。

愿更多老字号"守得住经典，当得了网红"，在跨界路上探索出更多经典。

阅读完此文，你认为本文论点是什么，作者为了支撑自己的论点运用到了哪些论据。

第一节　新闻评论中的事实运用

先例是人类的学府，人类只会从中吸取真知。

——埃·伯克

新闻评论中一定要有事实，新闻事实是新闻评论的前提，离开了事实的评论就是无源之水。

在一线教学中笔者观察到，一些初学者在刚写评论时特别容易车轱辘话反复说，这在一定程度上就是因为缺乏事实，评论显得空泛无力。

举个生活中的例子。大家从小到大一定无数次听到长辈的各种"劝学"，但真正起作用的有哪些？是那些大道理，还是那些真实的案例？我们会发现，虽然大道理不可或缺，但真实"别人家孩子"的例子在很多时候可能比大道理更有效。

写评论要学会"站在事实的肩膀上"。所谓站在事实的肩膀上，一方面是指要基于事实，另一方面是指要"超越"事实。

新闻评论中的事实分别有作为由头、作为判断的对象和作为论据三种作用。

一、作为由头的事实

由头通常呈现在新闻评论开头部分，用来引出话题，作为展开议论的材料。由头是新闻评论中议论的事实起点，但它并非议论的终点。

新闻评论的第一步是要对新闻由头的事实真假进行判断，将分析建立在一个可靠的事实基础上。比如，2016年一条"上海女孩逃离江西农村"的帖子在网上爆火，大家对此评论得不亦乐乎，比如谈论"面包与爱情""城乡地区差异"等等问题。但很可惜，这是个假新闻。有评论人站出来说，虽然事情是假的，难道里面的问题就不可以是真的吗？理应清楚，新闻评论是基于新闻事实、新闻现象的评论，真实性是新闻的生命，哪怕后面的论据再充分，论证再有理，作为由头的新闻事实是虚假的，那么这个新闻评论就毫无价值可言。

新闻评论不是电视剧，只要事实，然后基于事实分析，要摆事实、讲道理。如果事实基础不存在，这个评论也就不应存在。

二、作为评论对象的事实

作为评论对象的事实，也就是等着分析与判断的新闻事实，它是新闻评论的对象。需要注意的是，作为有待于认识的事实，其本身是不能直接作为作者行文的论据。比如，在2017年讨论"于欢案"是否适用"正当防卫"的时候，就不能再将此直接作为评论的论据了。

作为由头的事实与作为评论对象的事实二者的位置一般相同，都是放在评论的开头部分。一般来说，"由头"带出的新闻评论，是为了说一个道理。而"对象"带出的新闻评论，通常是为了判断新闻本身，是为了做是非判断。

还是以"于欢案"为例，如果以"于欢案"作为由头，后面可能会讨论"借贷""媒介审判"等话题。而如果是将"于欢案"作为评论对象，大概率是对司法判罚做评价。

案例

客观理性看待"辱母杀人案"
2017年 3月 27日　人民网

近日有媒体报道山东聊城一起故意伤害致他人死亡案，一石激起千层浪，短时间内，众说纷纭，议论纷纷，成为舆论关注的焦点。"辱母杀人案""激情自卫""正当防卫"等关键词登上了各社交媒体热门排行。引发群情激奋大讨论的源头，来自一篇《刺死辱母者》的报道。据这篇文章描述，"11名催债人辱骂、抽耳光、鞋子捂嘴，甚至脱下裤子，当着儿子的面用极端手段侮辱母亲。匆匆赶来的民警未能阻止这场羞辱。情急之中，22岁的儿子摸出水果刀刺伤4人，其中一人不治身亡。而后，儿子一审被判无期徒刑"。

这个案件之所以升温发酵，一方面体现出人伦与法理的冲突，一方面也得益于有关方面包容透明，让各自观点充分表达，体现了我们法治建设的成熟和开放。随着舆情升温，司法机关也主动作为积极回应。最高检察院派员赴山东对该案事实、证据进行全面审查，对媒体反映的警察渎职等行为进行调查。山东省高级法院也发布了已于3月24日受理该案上诉，合议庭现正在全面审查案卷的消息。

从目前的舆论走势看，视角多样，观点碰撞，各抒己见，莫衷一是。综合各种观点，大多议论依据一家之言，缺乏多方视角，缺少很多细节。仅仅据此来还原事情真相，难以解释诸多疑问。而坊间依据此篇报道发声，就此得出结论性观点恐怕还为时尚早。

细节恰恰是判断是非的基础，网上发布的一审判决书与前文报道有所出入，据判决书中被告人所述"派出所的民警到来，派出所的民警劝说别打架，之后就去外面了解情况了。其他人让我坐到沙发上，我不配合，有一个人就扣住我的脖子把我往接待室带，我不愿意动，他们就开始打我，我就从桌子上拿刀子……"《刺死辱母者》所描述的是儿子在母亲受辱的情况下刺死辱母者，主题和逻辑关系也是要围绕这个"事实"，被告人在法庭阐述的案发瞬间的情景则与此不符。所认定的事实，并不完全一致。视角不同，得出的结论可能也有所不同。

连日来评论围绕着伦理与道德展开，也有人探讨正当防卫的法理依据，对"防卫紧迫性"作出判断。必要的理性探讨和理论分析是可取的，但需要更多的事实作为评判依据。有些偏激者甚至认为"杀死辱母者的行为，不但不应惩罚，反而需要褒奖"，这样的言论往往把争论引向极端。在这个事件中，公众更要保持必要的理性，不要被过度情感和偏颇言论所左右，如果指望通过"血亲复仇""以暴制暴"来实现社会公平正义，那无异于是缘木求鱼。感情用事，言辞偏激，跟帖过激，解决不了法律问题。

目前此案已经到上诉阶段，案件程序还未走完。被告人有罪无罪、罪轻罪重并无最后定论。随着案情的不断披露，相信还会有很多细节浮出水面，公众不妨多些耐心和定力，给司法机关足够宽松的舆论空间，等待最终判决出炉。司法机关也应顺应民意，在法律允许的范畴内及时回应公众关切，依法公开相关信息，只有公开透明才能有效的促进司法公正。习近平总书记指出"司法工作者要密切联系群众，规范司法行为，加大司法公开力度，回应人民群众对司法公正公开的关注和期待。"

关注舆论及时回应，是阳光司法的进程。法官作为案件的审判者，要坚持以事实为根据，以法律为准绳。案件的事实依据才是断定被告人是否有罪无罪的基础，法律明文规定才是量刑的依据。有理由相信，给司法机关时间与耐心，案件一定会有一个公正的判决。而面对舆情关注，能够清楚地解释判决依据，能够清晰地解答公众疑惑，才是最好的回应。才能让人民群众在每一个司法案件中都感受到公平正义。

案例

法律如何回应伦理困局
2017年3月26日　《人民日报》

今天，一篇《刺死辱母者》迅速刷屏。

母亲被索债者当面凌辱，儿子情急之下刺死一人——最简单的描述，凸显的是此案引来舆论哗然的原因：当一个人或其近亲正在遭受难以忍受的凌辱时，奋起反抗造成一定后果，司法应该如何认定这一行为？

当地法院的一审判决认为，这并不构成正当防卫，因为对方未有人使用工具、派出所已经出警，于欢母子的生命健康权被侵犯的危险性较小，"不存在防卫的紧迫性"。尽管本案二审尚未启动，但是，舆论的争议却显示出法律条文所不能涵盖的更深层意思。无疑，此事切入了一个关于法律与伦理的命题。

虽然涉及一些具体细节的争议，比如，警察在离开接待室后，是准备离开还是仅仅外出调查，但最主要的争议，还是集中在于欢是否正当防卫或者防卫过当上。尤其是，于欢由于母亲和自己被侵害而产生强烈情绪的情况下，是否犯下了故意伤害罪。

舆论的强烈反应提示我们，应该正视此事发生之时的伦理情境，站在当事人的角度更多考虑。在某种程度上，也正是这样的伦理情境，让很多人在讨论这一案件时，不仅基于法律来做出自己的判断。

他们考虑更多的或许是，当至亲之人遭遇侵害时，自己能以怎样的方式去保护他们？当巨大的凌辱降临在自己或者亲人身上时，是忍受凌辱还是挺身抗暴？当处于无法逃脱的困境中时，要如何维护自己与亲人的尊严？

法律的社会功能是什么？可以说，法律不仅关乎规则，还关乎规则背后的价值诉求，关乎回应人心所向、塑造伦理人情。此案在半年过后掀起舆论波澜，正是因为其中蕴含着许多人的伦理诉求和情感诉求。

换句话说，在很多人看来，于欢的行为不仅仅是一个法律上的行为，更是一个伦理行为。而对于判决是否合理的检视，也正显示出在法律调节之下的行为和在伦理要求之下行为或许会存在的冲突，显示出法的道理与人心常情之间可能会出现的罅隙。也正是从这个角度上看，回应好人心的诉求，审视案件中的伦理情境、正视法治中的伦理命题，才能"让人民群众在每一个司法案件中都感受到公平正义"。

也正是因此，转型期中国的法治建设，无论是立法还是司法，需要更多地正视这些人心经验，正视转型时代保护伦理价值的重要性，从而把握好逻辑与经验的关系、条文与人情的关系、法律与伦理的关系。

这两篇评论都是以"刺死辱母者"一案的一审判决作为选题，但立论的切入点有所不同。《客观理性看待"辱母杀人案"》一文以"刺死辱母杀人案"为由头，深刻分析该如何看待此事，提出要让真相再飞一会儿的观点。《法律如何回应伦理困局》一文则是更针对了案件本身的焦点"是否属于正当防卫"来展开的评论。

三、作为事实论据的事实

目前很多评论文章中存在很大的问题即缺少实质性的内容，文中大量充斥着"应该如何""必须怎样"的论断，看似有分析，但从逻辑上看实则毫无根据。

新闻评论需要使用具体的事实来论证观点、阐明思想。写作者不应该只把结果告诉读者，还应该让读者与作者共同经历和享受这个抽象的过程，也就是在说理上要有足够的根据。

简单来说，运用在新闻评论中的事实论据可以分为直接的事实材料，也就是亲身调查所得的第一手资料。另外还有间接的事实材料，比如新闻报道、文献资料、常识与专业知识、历史事实、规范事实（如法律条文）、人类普遍经验等。

第二节 论据的基本要求

新闻必须是事实，谣言不是新闻，感想不是新闻，一定是事实。

——范长江

论据根据其内容性质的不同，可以分为事实性论据与理论性论据，前面所提到的"作为论据的事实"则主要起到的是事实性论据的作用。论据主要有以下几个性质。

一、真实性

真实性是新闻的生命，新闻评论属于新闻业务的分支，也应遵循真实性这一基本要求。作为支撑论点的论据，必须保证真实准确，不得有半点虚假。这里的真实既包括论据所陈述的事实具有真实性，同时又指论据所涉及的数据等细节真实准确。

> 案例

"智能手机培训班"里老年人的爱与痛

2017年5月8日　光明网　杨朝清

在管孙子之余,崔女士及她的朋友们都想,要是能有个专门教老人学习智能手机等智能电子设备使用方法的学习班就好了,他们可以抽时间去培训。于是,崔女士和老伙伴们跑到陕西西安市自强路的一所老年大学,询问是否有这样的培训班,老年大学说并没有这样的班。随后,他们又跑了一些托老机构,还是没有。(5月7日《华商报》)

现代化进程的滚滚车轮,在带给我们巨大福利的同时,它卷起的灰尘也遮掩了一些弱势者的身影,它覆盖了一些弱势者的叹息。在互联网深刻地嵌入日常生活的今天,一些不会使用智能手机的老人成为某种意义上的弱势群体,遭遇了边缘化。不会发红包、不会发照片、不会使用导航……年轻人轻而易举的事情,对于一些老人来说却格外困难。

急剧的社会变迁,让一些对新生事物理解和接受程度"慢了一拍"的老人,承受着"文化堕距"带来的尴尬与纠结。不会使用智能手机,意味着老人与外部世界联结没有那么高效、顺畅,意味着与时代"脱节"。为了更好地实现与他人的交流和对社会的融入,学会使用智能手机成为老人一种普遍的诉求。

这边厢,一些老人有学习使用智能手机的热情与渴望;那边厢,老人们的"好学"却遭遇了家人们的"不乐意教"。从表面上看,家里人好像上了发条一样紧张忙碌,没有足够的时间来教老人们使用智能手机;实际上,家人们忽略、漠视了老人们使用智能手机的需求,没有引起足够的重视,也没有给予足够的关心和帮助。

家里人不愿意教,老年大学无此培训,托老机构也没有这项服务,老人们承受着"想学却学不到"的无奈与艰辛。实际上,"智能手机培训班"并不需要多高的成本,家庭、社区、社会组织只要愿意都可以做得到,只要有心,就可以帮助老人们完成心愿。

为了让父母学会使用微信,有年轻男子手绘九页说明书;为了教会父亲使用微信视频聊天,大二女生花了两个晚上手绘微信教程;为了让年近八旬的姥姥每天都能和四个女儿面对面对话,河北承德女孩李璐手绘了六页微信说明书……尊重和回应老人们的利益诉求,用他们更容易接受的方式来进行智能手机培训,这不仅需要耐心和细心,也需要爱心和晚辈们的情感表达。

这个世界变化得太快,需要等一等那些"慢了一拍"的老年人。不论是家庭给予关爱,还是社区设置专门的培训班,抑或老年大学、托老机构提供相应的培训服务，只有"想老人所想，急老人所急"，才能切实地帮助他们，让老人们更好地融入互联网时代。

上文为佐证年轻人对老年人关心，引用到的案例——"河北承德女孩李璐手绘了六页微信说明书"等都是可查的真实事件。而一些真实性待查的消息不应纳入自己写作的论据中。

二、充分性

论据是用来支撑论点的，所以单薄的事实无法担负此重任。论据的充分性要求详尽的事实依据：新闻评论应提供具体、详尽的事实作为支撑；同时所提供的论据能够从多个角度和层面进行论证，考虑问题的各个方面；尽可能地引用权威和可信的信息来源，如可以引用行业专家、学者、政府报告等权威人士或机构的观点和数据，以增强评论的说服力和可信度。

三、典型性

新闻评论论据的典型性是指，所采用的论据通常具有代表性，能够反映同类事物的共同特征或规律。这样的论据能够代表某一类现象或问题，使得评论的观点具有普遍意义。相反，论据若不典型会缺乏说服力，局部的真理并不能导出全局正确的结论。比如，不能因某一个高学历女性遭遇婚姻变故就得出"女性学历越高越容易遭遇婚变"的结论。

四、新鲜性

评论中所使用的论据要尽可能选择足够新的资源和信息。新闻评论的选题要新、观点要新、论据同样也要求尽可能新，如果论据不够新颖可能使读者感到乏味和无聊，导致读者对评论的兴趣降低；同时，陈旧的论据缺乏足够的深度和广度，可能无法提供足够的说服力，使读者难以接受评论者的观点，评论的影响力和社会效应就会大打折扣。

案例

排斥竞争的高校食堂，岂能想涨价就涨价
2019年8月28日　光明网　熊志

8月26日，西北某大学多名学生向澎湃新闻爆料称学校食堂饭菜价格高，且设置最低消费。该校后勤安保部一名工作人员告诉记者，之前该校食堂一

些档口确实存在不规范问题，学生反映后，学校已经作出处理，部分饭菜的售价正在调整中。

此次该大学之所以引来学生抱怨，一个重要背景是，不久前该校撤销了小吃城，学生只能去食堂吃饭，而食堂饭菜顺势涨价为素菜3元、荤菜4元。一方面选择的余地少了，另一方面也增加了一些学生的消费负担。

高校食堂的定价，没有十分具体的标准，学校之间的价格水平不尽相同。而且，不同于义务教育阶段的食堂，高校食堂往往采用外包经营的方式，由社会力量来经营。尽管如此，为了维护高校的公益属性，食堂也不应该更不可以采用市场化的收费方式随意定价，想涨多少就涨多少。

事实上，不久前教育部等三部门联合下发的《学校食品安全与营养健康管理规定》，在"食堂管理"一章里有专门规定——学校自主经营的食堂应当坚持公益性原则，不以营利为目的。至于采用外包经营模式的，应当以招投标等方式公开选择依法取得食品经营许可、能承担食品安全责任、社会信誉良好的餐饮服务单位或者符合条件的餐饮管理单位。

对高校外包食堂经营权采用严格准入限制，是为了食品安全，也是为了提升服务质量。所以高校在外包的同时，往往会给食堂经营者补贴，弥补饭菜低于市价的损失，减少学生的负担。然而，该校食堂经营者却拿着补贴还乱涨价，于情于理都说不过去。

过去一段时间以来，很多高校因为拒绝外卖进校引起争议。其实，这种争议就和此次大学食堂的风波一样，很大程度上是因为高校食堂本身就有一定的垄断性。而外部的外卖平台和类似于此风波中被关掉的那种市场化的小吃城，都恰恰与高校构成了竞争。有了竞争，才会倒逼学校改善服务质量、优化餐品价格。而对其一禁了之、一关了之的做法，无疑助长了食堂一家独大的局面。失去了市场竞争，定价权就全部掌握在食堂手中，于是就形成了垄断的局面。此次该大学食堂价格应声而涨，正是这种逻辑的缩影。

同时，该新闻中还有一个细节值得一提。在学生的投诉中提到，食堂出现了一名穿着低胸装的披肩发女子给学生打菜，而该校回应称，该女子不是食堂工作人员，而是食堂一个档口经营户的家属，偶然过来帮了一下忙。这一细节同样暴露出管理上的混乱。

在上面提到的《学校食品安全与营养健康管理规定》中，也对食堂的标准化和规范化管理提出了明确要求。比如，学校食堂从业人员应当养成良好的个人卫生习惯，加工操作直接入口食品前应当洗手消毒，进入工作岗位前应当穿戴清洁的工作衣帽。这种卫生管理上的高标准、严要求，正是考虑到食品安全牵连甚广，稍不留心就容易留下隐患。而该女子的出现，证明了该校食堂并没有认真执行这条规定，没能秉持对该校学生的食品安全与身体健康负责的态度。

不管怎么说，此次风波再次提醒，拿着补贴的高校食堂，不能想涨价就涨价。同时，高校对于食堂管理，不能听之任之，全流程的规范化操作，仍然是必不可少的底线要求。

本义针对"高校食堂价格问题"展开评论，文章合理运用《学校食品安全与营养健康管理规定》官方文件作为论据，指出食堂也不应该、更不可以采用市场化的收费方式随意定价，不能想涨多少就涨多少。同时，拿过去一段时间很多高校因为拒绝外卖进校引起争议等事件指出高校食堂本身的垄断性也是造成一定程度的市场混乱的一个原因。

在论据使用还要注意以下几个方面：

凡事必须先查真假。在拿到一个新闻事实之前，先查证，有了真假判断之后，再确定能否作为论据支撑。

核实信息来源。新媒体环境下，人人都可以编辑信息，因此大家在找到论据后，先别着急着使用，应找到信息的原始出处。比如一些名人接受采访，后期剪辑很可能被断章取义、掐头去尾，从而出现大相径庭的内容。

此外，如果涉及对外报道，还应尽可能找到外文资料，从原始报道出发寻找论据，就可以更为充分的掌握信息，而不是做"二道贩子"。

要学会"对症下药"。将自己的逻辑线拟出来，看看到底缺什么，需要什么论据，以及这些论据对自己论点起到什么样的作用。然后去粗取精，去伪存真，留下真正有用的论据。

案例

"互联网+老字号"，用改革创新保持经典记忆
2017 年 2 月 23 日　晁水

"互联网+"战略写入政府工作报告已近两年，近期，"互联网+"又有一个最新案例。商务部、发改委等 16 个部门日前联合印发《关于促进老字号改革创新发展的指导意见》(下文简称《指导意见》)，强调要大力推动"互联网+老字号"工程，提出支持老字号传承和创新传统技艺，线上线下融合发展。

据相关资料显示，建国初期我国共有老字号 16 000 多家，到 1990 年其数量减至 1600 余家。目前，经商务部认定的中华老字号共有 1128 家，平均有 160 多年的历史。见证了中国百余年历史的老字号，传延在人们的记忆里，

可是，很多老字号却因为经营管理模式过旧或产品、技术更新过缓，正一个又一个地被市场淘汰，被新兴消费者遗忘。"义利面包""王麻子""马聚源"……为了拯救这些曾在几代人脑海中都烙下过温暖记忆的老字号们，政府推动的脚步没有停止。此番商务部出台《指导意见》促进"互联网+老字号"工程，又为老字号的传承、创新指出了品牌转型之路。

"互联网+老字号"的可行性，已被一些加速转型升级的老字号企业印证。在带来新产品、新平台、新玩法的同时，这些传承百年"工匠精神"的老字号不仅重焕活力，还一下子吸引了一批年轻人的拥趸。

老字号内联升与故宫淘宝共同开发的《大鱼海棠》电影衍生布鞋，6款鞋的价格分别为199-499元，上市后在其淘宝旗舰店销售火爆，累计评价中，顾客评分均近满分。有顾客评价说"这是我的第一双千层底绣花鞋，好舒服，好精致，真是美哭了！不愧是国内第一布鞋品牌。"可见，只要老字号企业在运用"互联网+"创新产品时，不忘保持诚信经营的理念，保证老字号的制造工艺和产品质量，就算贵，也得人心；就算是新客，也能在拥有良好的产品体验后，马上感知到老字号的品质和良心。

在经营模式上，全聚德搭建外卖平台"小鸭哥"，活用"互联网+老字号"，不仅在美团、大众点评等团购网站上做促销，还开通微信公众号经营粉丝群。靠布局外卖，"小鸭哥"4~6人套餐每月订单均可超过1000份，其中大部分顾客为年轻人。

与此同时，为帮助老字号更好地进行线上线下融合，政府设立了专项扶持资金：2016年9月，北京市商务委员会针对传承发展老字号设立专项资金，其中就包含"与文化创意产业相结合，发掘和宣传老字号文化内涵""利用互联网、大数据技术开展电子商务，创新营销方式和渠道"两条细项。只要是通过审核的老字号企业，都将获得最高不超过500万元的扶持资金。所以，"互联网+老字号"工程也有着有力保障。

可就在一些老字号企业努力开拓新兴消费市场时，一些老字号线上发展的问题，却拖慢了老字号"互联网+"整体前进的步伐。有的老字号网店维护欠佳：体现在页面上的，是风格老旧、操作不便的网页设计，让消费者不愿二次点击；体现在服务上的，是回复缓慢、语言生硬的客服，消费者感受不到应有的售后服务，即使产品质量再好，也很难说老字号用时间沉淀下来的口碑，不会在顾客的差评中慢慢流失。总体来说，大多数老字号企业仍然缺乏对线上发展的整体规划和重视程度，对老字号的独特内涵和文化优势，没有通过互联网，更接地气地展示在消费者面前。

就此而言，有了政府对老字号企业的精准引导和资金扶持，企业自身，更要及时改变思路，拥有一颗推动老字号企业改革创新的决心。唯有如此，老字号代表的经典和记忆才会历久弥新。

这篇评论作者运用大量事实论据来佐证自己的观点。例如，通过"老字号内联升与故宫淘宝共同开发的《大鱼海棠》电影衍生布鞋销售火爆？"案例印证"互联网＋老字号"的可行性，说明只要老字号企业在运用"互联网＋"创新产品时，不忘保持诚信经营的理念，保证老字号的制造工艺和产品质量，就算贵，也得人心；就算是新客，也能在拥有良好的产品体验后，马上感知到老字号的品质和良心。通过"北京市商务委员会针对传承发展老字号设立专项资金"等案例，说明"互联网＋老字号"工程有保障。当然，也运用了个别老字号网店维护欠佳等问题，说明大多数老字号企业仍然缺乏对线上发展的整体规划和重视程度，对老字号的独特内涵和文化优势，没有通过互联网更接地气地展示在消费者面前……这些论据让整个新闻评论显得层次分明、论证有力。

第三节　新闻评论论据的使用

好文章应是读者和作者之间轻松亲切的对话，至深的道理无妨明白如话，这样才能打动人、说服人、感动人，至少使读者有兴趣把文章看下去。

——米博华

当今年轻人被称为"搜索一代"，即遇到问题本能地打开搜索引擎，输入关键词进行检索，并将检索内容不假思索地予以运用。技术在带来便捷的同时，也束缚了一些初学者的思维，让他们被检索的资源牵着鼻子走。

一、如何找到论据

1. 学术论文

搜索论文的过程，就是去粗取精，尝试站在巨人肩膀上看问题的过程。借助论文，可以对话题有一个整体理性的了解。如，在写关于"中国老龄化进程"问题的时候，可以通过网络平台查阅相关论文找到很多可能我们平时不了解的内容。但要注意的是，学术期刊因语言表达习惯和话语体系与新闻评论不同，不建议直接搬来作为论据。学术论文为专业读物，而评论属于公众读物，如果生搬硬套会显得新闻评论的表达"不伦不类"。

与此类似的是在专业书籍或百科全书中论据。要注意的是，如果是使用百度百科这样的在线协作式生产的百科，一定要对信息的真实性和权威性进行认真核实。但无论如何，百科类全书可以与我们其他资料进行交叉印证，从而更好地丰富论据。

2．历史事件

在评论时可以运用一些相关事件作为参照物展开论证。如在谈到关于"于欢是否属于正当防卫"相关问题的时候，就可以引用2009年发生的"邓玉娇案"作为参照。

3．人民群众

新闻的基本业务是采写编评，而要写好新闻评论绝对不是仅仅依靠在电脑前面拍拍脑门的，一篇好的评论事实上是离不开基本的采访，一个好的新闻评论员需要有"智囊团"，这个"智囊团"就包括一些专家。通过向专家求证，可以更好地厘清时间背后的脉络，增强论据的可信度。

二、论据使用的方法

找到论据之后，需要时刻意识到论据是为了证明观点，而非单纯地罗列事实。因此，在使用论据时一定要交代论据具体如何支撑论点。

第一，依靠论据，直抵问题本质。在《谁读研也不会输一生》评论中，为了驳斥"读书无用论"的评论，作者列出了一组数据："前些年，有一项对美国富人的研究表明，在1%的最富有人群中，72%的人拥有大学学历，49%的人拥有硕士以上学位。这个比例，远比其余99%人群的相应比例要高两到三倍。"这虽不能完全说明接受过高等教育或者研究生教育就一定能成为富人，但如实地呈现"没有接受过而成为富人的几率更小得多"。

第二，以通过论据建立起参照坐标，以此进行更好的例证。

> 案例

林丹也要讨薪？羽球的职业化如此不堪

2017年5月17日　"新京报快评"　侃人

若非林丹本人微博发的那份"关于粤羽俱乐部拖欠薪金的声明"，很多人压根就没法相信，这位世界羽毛球历史上唯一一位集奥运冠军、世锦赛冠军、世界杯冠军、全英赛冠军及多座世界羽联超级系列赛冠军于一身的全满贯球员，身份标签里会新添一个"讨薪者"。

都知道，"讨薪"这词常跟"农民工"联袂出现，久而久之，被欠薪者是弱势群体或社会底层的认知，也嵌入了公众的惯有思维中。而作为原来世界羽坛第一人的林丹，跟"讨薪者"的固有人设似乎不搭。这种形象背离，也加剧着此事的舆论冲击力："连林丹都被欠薪了，普通人呢？"

林丹也是劳资博弈格局中的弱势一方

但林丹及其6位队友被欠薪,也有其衍生逻辑:林丹的外在名声确实很高,可就他与粤羽俱乐部及经营方的雇佣关系看,他未必不是劳资博弈格局中的弱势一方,也未必能撼动"资方强势"的整体局面。事发后,粤羽俱乐部董事长兼总教练高军表示,"不止是他,就连我自己的薪水,也都没有拿到",也印证了这点。

林丹只是体育圈里被欠薪的大咖中的一个。这些年来,乒乓球、足球等都曝出过欠薪事件,张怡宁、郜林都曾讨过薪。2014年,深圳红钻球员还集体控诉俱乐部欠薪,引发轩然大波。

运动员易成为经济纠纷中的弱者,跟"撑腰"机构、组织阙如有直接关系。在国外,很多联赛俱乐部也都欠过薪,像小罗当年从AC米兰回到巴甲联赛的弗拉门戈俱乐部后就被拖欠工资375万巴西雷亚尔。而对于这类欠薪行为,很多国际主流联赛管理者通常会发通牒,要求俱乐部在规定时间内付清全部欠款,否则扣除球队积分,甚至吊销其参赛资格,对其降级,让其出现解体危机。这里面,就有专门的球员工会能有效地组织维权,给俱乐部、协会、联盟等施压的因素。

2010年西班牙球员工会号召球员罢工以反制欠薪,得到含西甲在内的四个级别联赛100%支持,就是典型例子。类似组织本是球员讨薪时最粗的"大腿",是以"组织化维权"制约有"组织"的欠薪等行为的制衡力量,在成熟的职业化体育中不可或缺。

成熟联赛模式下应有制度缺位,欠薪纠纷难言偶然

本质上,欠薪事件多发和为球员"撑腰"的机构不彰,背后都连着某些体育项目职业化的不足。

体育职业化发展,通常既包括联赛、协会、俱乐部等架构的市场化,还囊括某些合理的配套制度设计,如保证金制度、准入制度、球员转会制度等。但咱们这,虽然学得了人家俱乐部、协会的"形",却也只是徒有其形,很多协会、俱乐部都未跟属地体育管理部门脱钩,有些应有的机制体制也未建立。

都知道,今年1月5日,国家体育总局足管中心正式注销,足改攻坚迈出了"管办分离"的重要一步。但在此之前,中国足球领域保证金制度阙如,阴阳合同成常态等问题很严重。

2010年7月21日,中甲联赛中,广州恒大10:0狂胜南京有有,创下中国足球职业联赛史上单场赢球最多的纪录,却也带出了后者球员"被欠薪"

多年的辛酸；2014年足协杯深足主场战鲁能，球员赛前抵达赛场后拉横幅讨薪、拿到欠条才登场，比赛中一度出现7打11（最终0∶5惨败），也成了闹剧一场。若这种事发生在德国，那球员们大可无忧，他们的工资会由保证金先颠覆，再由联赛联盟、球员工会、俱乐部斡旋或打官司。这也是职业化足球的好处。

而羽毛球的职业化程度，比足球篮球更低——无论是赛事组织还是盈利模式，之前就有媒体称，"中国职业联赛不职业，羽超职业化被讽是笑话"。加上某些成熟联赛模式下应有的制度缺位，欠薪纠纷难言偶然。

很多时候，市场化、契约化就是平衡各方权益的最优路径，体育职业化及与之对应的制度体系亦是如此。非职业化运作下，俱乐部、联赛、运动员的关系也是失衡的，林丹们被欠薪，难有制衡机制及时纠正调和。因而，支持林丹讨薪，也不能忽视欠薪问题衍生的土壤——羽球的职业化欠缺正视和解剖。

这篇评论在谈羽毛球的职业化发展问题可以横向对比，比如，举出在中国的足球、篮球职业化发展中存在的问题作为论据，以此来说明"羽毛球的职业化程度，比足球篮球更低——无论是赛事组织还是盈利模式。再加上某些成熟联赛模式下应有的制度缺位，欠薪纠纷难言偶然"。

第三，通过正反对比用据，在对比中突出作者观点的正确性。

案例

"不限流量"套餐不应只是"广告词"
2018年5月28日　《新京报》社论

随着手机用户使用互联网频次的增加，以及对大流量、不限量套餐的需求增加，三大运营商先后推出了"不限（流）量"套餐。然而，这个"不限（流）量"却名不副实。

澎湃新闻报道，近日，浙江温州的姜先生向媒体反映，尽管其手机使用的中国移动仍有13GB普通流量，但因所用流量达到100GB而被暂停使用流量功能。对此，中国移动浙江的多名客服人员表示，中国移动确有"实际使用流量达到100GB便停止流量功能"的规定，"全国不限（流）量产品也是到100GB（封顶）"。这一解释引起了网民质疑。

实际上，这并非一家运营商偶发的个案，而是带有一定的普遍性。《三湘都市报》5月16日的报道显示，电信的"不限（流）量"套餐，各档也都设定了降速阈值，超出后限速不高于1Mbps。5月17日《北京晨报》引述业界人士的观点表示,"三大运营商的不限流量套餐,他们都不约而同采取了设置较高的流量额度、超标后限速的手段。"

说是不限流量的套餐,实际上却在暗中设置种种限制,运营商的心机一使,"套餐"就成了套路。

如此违背商业信誉,甚至合同的做法,此前则是运营商向网民宣传的"卖点"。据中国新闻社报道,今年4月份,中国移动、中国联通和中国移动三大运营商的不限流量套餐纷纷升级,一个突出体现就是降价,比如中国移动推出的"4G·任我用卡(新)"每月需188元,经过优惠活动后,每月仅需98元;中国联通的"小冰神卡",由原来的最低198元/月("冰激凌套餐")降低至99元/月。

三大运营商之所以一边向网民宣称他们提供的是"不限(流)量"套餐,却一边限制网民使用的流量阈值。依据的就是网民在实际使用中很难达到这个阈值,同时,在技术上也难以实现,即"从网络承载力等实际情况来看,业界还没有达到真正的不限流量段位"。因此有业界专家表示,目前运营商所谓的"不限(流)量"套餐噱头的成分更多一些。

不管有什么客观理由,运营商的做法已涉嫌违反相关法律规定。《广告法》第28条规定,"与商品或者服务有关的允诺等信息与实际情况不符,对购买行为有实质性影响的"是虚假广告。不管是中国移动、中国联通,还是中国电信的官网至今仍在相关套餐中标有"不限量"字眼。不难理解,这就是运营商在提供"不限(流)量"套餐这项服务业务中,涉嫌虚假宣传。

故此,对于运营商可能存在的"不限(流)量却进行隐性限制"的做法,相关部门应该对他们可能构成的虚假宣传行为予以关注,并调查取证,对其涉嫌违法行为做出相应处理。

若是存在客观技术问题,运营商也应该向用户告知实情。运营商总是在营销中设置"套路",不只是伤害自己的信誉,同时,也会令舆论质疑其"降费提速"的诚意。

评论《"不限流量"套餐不应只是"广告词"》是针对当时三大运营的网费"套餐"成"套路"的现状进行。在论证中,一方面作者运用了《三湘都市报》《北京晨报》报道,业界专家的观点等论据,揭露当时资费套路现状:"目前运营商所谓的'不限(流)量'套餐噱头的成分更多一些";另一方面以《广告法》第28条中的规定为论据,指出"与商品或者服务有关的允诺等信息与实际情况不符,对购买行为有实质性影响的"是虚假广告,从而得出指出运营商在提供"不限(流)量"套餐这项服务业务中,涉嫌虚假宣传。

第四,要注意使用论据时,一定要考虑到"集中火力",每一个论据都应该是发挥作用的，还要考虑到如何谋篇布局可以让你的论据发挥更大的功效，真正成为你的武器。

课后练习

论述题

阅读以下材料，分析此评论是如何使用论据的。

大白兔奶茶爆火，别忘了快闪店也要恪守质量红线
2019年6月5日　光明网　邓海建

日前，大白兔奶茶店在上海黄浦区某商场正式上线，引发大众广泛关注。对于有网友质疑大白兔奶茶店是否涉嫌无证经营，上海市黄浦区市场监管局回应称：该店铺系展销会性质，已通过备案。

这两天的全网当红IP里，"大白兔奶茶"绝对是最亮的仔：排队5个小时、爆炒到100块钱一杯、拒绝出示任何证件、一再阻止记者拍摄……生意太火、脾气太牛，难免会遭遇诸般质疑。

2019年，国货跨界仍是叫人眼前一亮的潮流。纽约时间2月13日，青岛啤酒携首款潮服亮相纽约时装周，大展百年中国元素。事实上，再往前看，老干妈推出过卫衣套餐、故宫捧出了特色口红，至于"六神鸡尾酒""泸州老窖香水"等，撩人眼球、层出不穷。大白兔作为奶糖界的"扛把子"，自然也没有闲着：唇膏、抱枕、护手霜、身体乳……大白兔跨界卖的，更多还是怀旧的"回忆杀"。

于此而言，大白兔奶茶这样的跨界当然无可原罪。反之，能把IP产业链化经营好，这是百年老字号早就该修炼的真功夫：一则，饥饿营销的效果立竿见影，直接击中市场喜新厌旧的小心脏；二则，衍生品生意调剂一下，起码能让老品牌找到"高光时刻"，在市场上重新年轻一回。

不过，不管怎么跨界，买卖毕竟是买卖，商品与服务的红线还是要恪守的，价值规律和市场监管还是要发力的。

大白兔奶茶店在上海是以快闪店的形式出现的，就地方监管部门的回应以及店铺的反应而言，有关程序正义的质疑其实可以一分为二地看：一方面，在行政许可更为谦抑的语境之下，针对快闪餐饮店这一创新事物，市场监管采取"备案即可"的方法简化审批，这是值得肯定的事。比如根据《上海市食品安全条例》第40条，展销会举办方向举办地的区市场监督管理部门进行

备案即可。展销会禁止经营的食品包括散装生食水产品和散装熟食卤味，不包括现制现做的奶茶。

  但另一方面，快闪店经营的毕竟还是餐饮业，事关底线的食品安全。最近以来，由于营业时间短、食品提供方来源不清，快闪餐饮店食品安全多次遭网络质疑。无论是老字号抑或是新品牌，在食品类快闪店上恐怕都没有严苛监管的豁免权。比如《食品安全法》第三十五条规定，国家对食品生产经营实行许可制度，从事食品生产、食品销售、餐饮服务应当依法取得许可，可见，快闪餐饮店也不能例外。当然，奶茶店算不算展会性质、食品生产许可证可否借给快闪店应急，这些问题恐怕还需要从法理层面好好厘清。

  情怀如诗，法规如铁。有关大白兔奶茶店的舆情其实提供了一个契机，提醒职能监管部门对于食品快闪店拿出更规范的作为——这既能防止快闪餐饮店成为食品安全避风港，亦能让跨界的展会真正秀在规矩与秩序之上。

第五章

新闻评论的论证过程

本章学习要点：

1. 新闻评论的论证
2. 新闻评论主要的论证方式

第一节 什么是论证

论证就是增加一个命题（论点）的可接受程度。

——周祯祥、胡泽洪

案例导入

殴打记者应罪同"袭警"

2009年9月16日　东南新闻网　李龙

记者的采访权是一种公权，它与普通民众之私权不同，记者是在行使一种公共职能，其采访行为本身是在满足公众的知情权。因而，记者的履行职责也是在执行一种"公务"。不久前宣判的"山西警察进京抓女记者"案，某媒体记者的身份即被法院判定为"国家工作人员"。既为国家工作人员，那么，记者的正常采访行为就应被认定为是在"执行公务"。

既然记者采访也是"执行公务"，那么从本质上来说，正常的新闻采访和警察的调查办案就没有什么区别，殴打记者，就是妨碍公务，其罪行就当如同"袭警"一样论处，强行抢夺记者的相机、录音笔，其性质就和抢夺警察手中的枪支一样。

思考：以上案例是否体现新闻评论的论证？

在新闻评论中，论证指引用论据来证明论点真实性的论述过程，是由论据推出论点时所使用的推理形式，论证和论点、论据三者统一构成新闻评论论述的整个过程。如果说论点是新闻评论的"灵魂"的话，论据就是"血肉"，而论证就是骨骼。论点提出"证明什么"，论据回答"用什么证明"，论证则解决"怎样证明"。

新闻评论论证的特点包括两大方面：第一，论证的内在特点即它的严密逻辑性；第二，论证的外在特点即表现在行文的结构完整性，具体而言，论证的特点包含论证结构、论证方法、论证思路、论证手法四方面。论证的外显特点主要体现在其基本结构之中，结构由"引论、本论、结论"三部分组成。一般而言，引论是开头，本论是主体，结论是结尾。即开头应当提出自己的论点，主体部分应选用事实性或事理性材料并分别论证论点，结尾部分需完整。

新闻评论表达人们对新闻的认识，而论证起到两个作用：一是用来寻找、检验和确证认识的结果；二是用来说服别人接受这个认识结果。只有经过论证的认识结果，我们自己才能相信，也才能使别人接受。

新闻评论的表达是理性的，既有理性的内容，又有理性的认识。所谓理性的形式，表现在逻辑论证上。其实，所谓理性，最根本的就是思辨和推理能力，也就是逻辑思维能力和批判性思维能力。逻辑就是体现人类的理性能力的最核心的东西。一般来说，新闻评论应当做到理性地表达，据此媒体才能更好地承担社会责任，而情感的表达则由小说、诗歌、散文等文体来承担。

没有论证的表达，不能说是理性的。而有没有论证，是需要辨识和经验的。列宁在《政论家的札记》一文中说："比喻不是论证，任何比喻都是有缺陷的。"所谓"打比方不是证明"，就是说比喻既不是议论文中的论证方法，也不是逻辑学中的推理方法，说的就是这个道理。写作新闻评论时，切忌用比喻代替论证过程。

案例

罪行相称法案·条文注释
[美]杰斐逊

法律对自杀的惩罚是没收动产。本法案免除了对他的没收财产之惩罚。自杀对国家的损害比带着财产离开国家的人要小。如果后者不加惩罚，则前者也不应受惩罚。至于其树立的榜样，我们不必害怕他的影响。人们太爱惜生命了，不会经常去剥夺自己的生命。无论如何，没收财产这种貌似的惩罚不会防止自杀。因为发现一个人能这样冷静地决定放弃生命，是那样厌倦了此世的生活，以至于宁肯去做死的实验，我们能假定处于这种心理状态的他会担心没收财产对他的家庭造成的损失吗？

这里还有一个最棘手的问题。法官本身是否有时也误用或滥用他们的权力？实施和运用国家法律是他们的职责。如果他们改变或偏离了法律，而且是故意这样做的，那么他们本身就犯了误用权力罪。因此我们遇到了朱安诺尔提出的问题："谁来监督这些监督别人的人呢？"这个问题是1953年罗斯福新政时期的美国提出来的，也许不久以后会在我们这里再次提出。从理论上说，高等法官由女王任命，但实际上是由首相任命，而首相则征求大法官的意见。假设将来一位首相企图把自己的具有极端政治色彩的法官安插到高等法院，那么他们是否会成为他手中的工具呢。对这个问题我的回答是"不会"，每个在职法官都要放弃所有的政治观点和偏见。你们不用担心。英国法官过去一直是——将来永远是——警惕地保卫着我们的自由，如果我们必须相信某些人的话，那么就让我们相信法官吧。

这一段实际上用很长的文字提出了一个著名的问题——"谁来监督这些监督别人的法官呢？"作者明确的回答是认为只有法律能监督那些监督别人的法官："如果他们改变或偏离了法律，而且是故意这样做的，那么他们本身就犯了误用权力罪"。这也是该段文字的论点。那么他用什么材料证明"法律能监督那些监督别人的法官"这个论点呢？事实上，他几乎没有提供任何材料来论证这一点，只是在最后用了一个假设推理："如果我们必须相信某些人的话，那么就让我们相信法官吧"。这显然不是论证。摆出了问题，表达了观点，却没有真正的论证。

那么怎样判断一篇文章是否有论证过程？这是很多初学新闻评论的人感到头疼的一个问题。其实，如何看有没有论证包括两个方面，一是从关系看——有没有前提与结论的逻辑关系；二是从作用看——是否增强了话语的可接受程度。请看以下案例：

案例

批评性辩论：辩论的使用辩证法（节选）
[荷]罗布·荷罗顿道斯特

一位妇女对伯特兰委员会关于石油公司被指控非法唆使操纵石油价格的报告所做出的反映："伯特兰得出去吃午餐了。他们无论如何再也多拿不出一条线索来支持他们的指控。我可以这么说是因为我丈夫在这家公司已经工作了三十年了。公司从来就没有亏待过他。说我丈夫的公司多年高价勒索公众，真让我恶心！"

以上案例只是情绪的发泄，没有理性的逻辑论证过程，"我丈夫在这家公司已经工作了三十年了。公司从来就没有亏待过他。"这一前提不能成为"我丈夫的公司多年高价勒索公众"的前提，也并没有其他材料证明核心论点。

这里还需要区别解释和论证。从形式逻辑的角度看，表达的功能在于使话语中的一个命题得到确定的支持，增强了该命题的可接受程度，则这个话语就是论证；若该话语的表达功能不是在提高命题的可接受或者可驳斥的程度，则不是论证，而一般只是解释。解释一个命题出现的一般情况是，对于那个被解释的命题而言，它的真实性或者可接受性是没有疑问的。有学者认为，论证和解释在某一程度上来说是两个对立的概念，论证是对一个有争议的现象或观点进行辩论，通过不可争辩的论据证明某一观点是正确的；而解释是针对一个没有争议的行为或是事件的事实，说明其产生的原因、出现的方式以及行为人的目的，使得这一行为或是事件能为人所理解。两者的根本区别在于命题是否有争议性。

那么，只有解释性话语的文章算不算新闻评论？一篇新闻评论既有解释性话语，也有论证性话语，二者之间是怎样的关系？

评价性的评论，目的在于对事实的评价，并通过论证来证明作者的某一论点；解释性的评论，目的在于从一个或是多个视角出发对某一现象进行解释，剖析它出现的背景、原因和行为人的动机和意图，以及它在社会环境中所具有的功能。从观点传播的格局来看，一元化的观点传播，往往是呼吁性、祈使性、解释性的；而多元化的观点传播，往往是说服性的、争论性的、论证性的。自上而下的观点传播，往往是呼吁性、祈使性、解释性的；平等交流的观点传播，往往是说服性的、争论性的、论证性的。

第二节　论证与形式逻辑的关系

不管新闻评论有什么特殊性，作为一种议论文体，它的论证过程，也就是逻辑推理（分析）过程。

——范荣康

案例导入

1960年，英国有一个农场的10万只鸡、鸭，由于吃了发霉的花生而得了癌症，死去了；用这种饲料喂养的羊、猫、鸽子也先后患癌症死去。1963年，有位科学家基于上述情况，又有意识地在实验室里观察了白鼠吃了发霉花生后的反应，结果发现白鼠也得了肝癌。据此，这位科学家得出了这样一个结论：动物吃了发霉的花生都会患癌症。后来通过对发霉的花生的化学分析，发现其中含有黄曲霉素，而黄曲霉素是致癌物质。

鸡吃了发霉的花生会患癌症；

鸭吃了发霉的花生会患癌症；

羊吃了发霉的花生会患癌症；

猫吃了发霉的花生会患癌症；

鸽子吃了发霉的花生会患癌症；

白鼠吃了发霉的花生会患癌症；

而鸡、鸭、羊、猫、鸽子、白鼠都属于动物。

所以，动物吃了发霉的花生都会患癌症。

请思考，以上案例用到了形式逻辑的哪种方法？

论证是从前提推出结论，以论据支持论点。具体方法有很多种，但是任何一种论证过程都是逻辑推理过程。运用于新闻评论的逻辑方法，主要和比较容易掌握的是形式逻辑的方法。中国新闻评论自觉地运用形式逻辑开始于20世纪初，突出反映在党派报纸自觉的论战之中。在清末革命派和改良派的论战中，梁启超早年提出的情感文章不再适用，让位于法律家的论理文章，也说明当时的报人逐步开始自觉运用形式逻辑方法。

辨识论证中什么是前提（即论据）、什么是结论（即论点）着眼于两点，一是看文章之内文意的关系——由什么到什么；二是看文章之外这篇评论实际的社会语境——读者的知识经验水平，前提对于读者来说，应该是无争议的，而结论则或许是有争议的。初学者在阅读中可能把结论错当成前提，把前提当成结论，这就会造成理解乃至写作的表达混乱，说到底是逻辑混乱。

新闻评论中的论证归根结底是一种逻辑论证。掌握新闻评论中的逻辑，关键在于辨清新闻评论论证的前提和结论。基本的逻辑论证方法，表现为前提和结论的三种关系：

演绎：从一般原理推出特殊情况下的结论。例如：从爱美是人的天性，因为杨璐是人，推出杨璐爱美。

归纳：从个别知识的前提推出一般知识的结论。例如：杨璐爱美、陈琳爱美，由此推断出所有女孩子都爱美。

类比：根据两个或两类事物在一系列属性上的相同或相似，推出它们在其他属性上也相同或相似。这是从个别到个别。

掌握新闻评论中运用的逻辑方法首先要明确一个基本的着眼点——辨识论证中什么是前提，什么是结论。结论就是论点，前提就是论据。前提对于读者来说，应该无太大争议，而结论或许是有争议的。其次，辨识前提和结论的特征。如果前提是一个一般的推理，而结论是一个个别的判断，这基本上可以看作是通过演绎逻辑来完成的论证。为什么由一般能够推出个别？因为个别就包含在一般之中。

如果前提是具体、个别的判断，而结论是一般的判断，则为归纳的论证方式。为什么个别能推出一般呢？因为人类的认识经验告诉我们，较多相同的个别情况，有可能反映了事物的一般情况。

一、演绎推理的运用

演绎推理是以一般原理为前提对个别事物进行判断。三段论是演绎推理的基本形式。它由两个作为前提的已知判断推出一个新的判断（结论），但是这两个前提必须发生联系，否则不能得出结论。

三段论的公理：一类事物的全部是什么或不是什么，那么这类事物的部分也是什么或不是什么。换句话说，如果对一类事物的全部有所断定，那么对它的部分也就有所断定。两个前提与结论之间的联系，其实就是事物的整体和部分之间的关系。这种包含关系是演绎推理的基础。例如：

物质是可分的（大前提，已知判断），基本粒子是物质（小前提，已知判断），所以，基本粒子是可分的（结论，新判断）。

其中，"物质"是两个前提的共同项，它不在结论中出现；"可分的"与"基本粒子"作为大项和小项，分别对应大前提和小前提。在这个三段论中，大前提"物质是可分的"肯定的是物质的全部具有可分的性质；小前提"基本粒子是物质"肯定的是基本粒子属于物质的部分；结论肯定的则是基本粒子作为物质的部分，也具有物质的全部所具有的一种性质——可分。两个前提都具有一般的性质，而结论则是特殊的。

新闻评论要做的演绎推理，简单地说，就是要从人们的一般经验、公理等来推出对新闻事件这个个别的判断。复杂一点说，用三段论的方法，就要把新闻事件当作小项，通过某个中项与普遍的知识经验大项相连，从而对新闻事件做出具有某种性质的个别判断。辨识一个推理是不是采用了三段论，不仅要找到大、小前提，而且要找到把大、小前提两个判断能够连接起来的中项。

【案例】

"爱情教育"不该成为青春禁忌
2009年4月25日　新京报　马少华

从9月1日起，上海50多所中学的初三学生将会领到一本全新的语文教材，课本中第二单元的主题定为"爱情如歌"，其中收录的3篇文章、4首诗歌全都围绕着这一青春期的"敏感"话题展开。

这样一种集中的、正面的"爱情教材"，面对着进入青春期、情感萌动的少男少女，也许真可以说是一次教育的"冒险"，一种教育观念的挑战。这样的教材，可能承受怀疑与争议，比如，家长担心这些对爱情的讴歌会不会让自己的孩子早恋。对此，既需要审慎地观察效果，也需要把道理想清楚。

从这个"爱情单元"的选目来看——苏霍姆林斯基的《给女儿的信》、普希金的《致凯恩》、舒婷的《致橡树》、苏童的《老爱情》、节选自《简爱》的夏洛蒂·勃朗特的《因为我们是平等的》、公刘的《只有一个人能唤醒它》以及秦观的《鹊桥仙》——可以说是凝聚了古今中外人类最为美好的爱情经验及其表达，它们固然是炽烈的，但更是严肃的、忠贞的、持重的、隽永的、沉思的。它们充满了爱人、忘我、尊重与牺牲。与其说它们只是表现了爱情——成年人的一种情感，不如说是表现了凝聚在爱情中的人类的善、人类所有的美好情感，是人生的知识盛宴。在这个意义上，美好的"爱情教育"，不是什么"性的教育"，而就是善的教育、人生教育。

作为人类的一种重要的情感，爱情对于孩子们不可能是封闭的，因为社会和人生对于他们不可能是封闭的。实际上，古今中外的历史证明，封闭知识——包括人类的情感知识，几乎是不可能的。当孩子们在今天开放的信息环境里毫无障碍地接触到比较物质化的两性情感信息的时候，那些古今中外最纯洁、最美好的人类两性情感——真正可以称为爱情的东西，难道却要对他们封闭吗？人的物质欲望，包括性欲，都属本能，它们随着人类的身体一起生长。但是爱情不是这样，它是人类文明的一个成果，是善的意志、美的追求的一个成果。这样的成果，没有教育是不能自动传承的。而古今中外关于爱情的文学艺术，就是人类爱情教育的媒介。这样的情感知识不大可能通过教科书的形式来分析和生理卫生课的形式来图解。

中学教育，面对着进入青春期的孩子们，的确存在着某种"敏感"。这其实是教育如何负责任地面对青春话题的"敏感"。任何回避"敏感"的态度都是"保险"的。但"保险"并不意味着真正负责任。

如果把完整的人类情感知识割出去一部分，而这一部分恰好对于人生的情感涵育，对于养成善的、美的情感又具有特别重要的意义，那么，这本身就可能是教育的缺失，教育者的失职，因为，这些缺失可能造成一些孩子未来人生的缺失和苍白。因此，上海市初三语文教材"爱情如歌"的单元，其教育效果固然有待于实践检验，但它所体现出的教育者的意识是积极的、负责任的、有情感的。

至于所谓"早恋"，它们往往既是从青春的身体中生长出来的，也的确往往是外在的社会信息刺激出来的。

但是，古今中外的优秀文艺作品中的最美好的爱情，那"两情若是久长时，又岂在朝朝暮暮"的爱情经验，是不"刺激"的。它们对于青少年来说，是远处的一片风景、一种境界。至于青少年在两性关系中的错误和极端的行为，那也不可能是"爱情教育"的结果，只能是没有"爱情教育"的结果。

在这段评论中，"社会和人生不可能是封闭的"与"封闭知识——包括人类的情感知识，几乎是不可能的"这两个判断都可以作为大前提，因为它们肯定了"社会和人生"与"人类知识的全部"，即包含着"不可封闭"这样一个大项；有待判断的是"爱情教育"作为小项是否具有不可封闭的性质。作者认为爱情教育属于"人类知识"的一部分，得出"爱情教育也具有不可封闭的性质"这一结论。在上述三段论中，其实小前提"爱情属于社会人生或人类知识"在文中是看不见的，因为它不言自明。在实际的言论中，常常看不到完整的三段论，或大前提残缺，或小前提残缺，因为它们往往都是不言自明的。

当然，三段论是比较严格的逻辑形式，在逻辑学中，它有多种格式。新闻评论实战中的论证，不一定都要使用或复原到三段论的形式，也很少有人会严格地按照演绎逻辑的三段论格式来写，但是事物和判断的大小包容关系、整体和部分的关系必须存在。演绎推理有一种实用的反驳形式，即归谬法——把对方的观点先接受为前提，并以此推演下去，直到推出荒谬的结论，以证明这个观点的错误。

二、归纳推理的运用

归纳推理是从个别知识的前提推出一般知识的结论。比如：鸡的活动具有时间上的周期性节律，牵牛花的活动具有时间上的周期性节律，人的活动具有时间上的周期性节律——由此归纳出"一切生物活动都具有时间上的周期性节律"的结论。

亚里士多德曾说："不能只依据必然的事情来推论，而应依据经常发生的事情。"如果说，只依据必然的事情来推论是演绎推理的话，那么依据经常发生的事情则是归纳的方法。对于新闻评论来说，归纳推理的前提，往往就是那些多次出现的相同或相似的新闻事实。具体而言，如果有这样一个最新的事实，我们难以单独对它进行判断，但是我们可以对以前发生过的诸多同类个别事实进行归纳，由此得出一个一般性的判断，就已经是归纳推理了。新闻评论的论点，如果是通过众多相同类型的事实论据或事理论据来证明，最后得出一个一般性的结论，证明论点的正确性，这就是运用了归纳论证的方法。

案例

文明遛狗别"掉链" 做文明养犬人
2021年4月24日 "昆港时评" 李双双

5月1日起，新《中华人民共和国动物防疫法》将施行。第30条明确规定：单位和个人饲养犬只，应按规定定期免疫接种狂犬病疫苗；携带犬只出户的，应按规定佩戴犬牌并采取系犬绳等措施。这意味着，从今年5月1日起，如果市民出门遛狗不佩戴犬牌和系犬绳将违法。一时间，"文明遛狗"话题再次引发网友热议。

近年来，随着养狗的市民越来越多，一些不文明的养犬行为也频频出现，遛狗不牵狗绳是最为突出的一个问题。为倡导文明养犬，昆明市早在2019年就下发了《昆明市关于进一步加强养犬管理工作的实施方案》，要求重点区域内养犬人携犬出户时，必须对犬束犬链，同时携带清洁用具，及时清除犬只排泄物。违反上述规定的，由公安机关给予警告，责令改正；拒不改正的，处以200元以上500元以下罚款。

但这依然没有引起市民重视，昆明街头遛狗不拴绳、粪便不清理仍是常态。每天清晨和傍晚，街边、河堤、公园等处都有大量市民带狗出来遛弯。

有的狗在路上撒欢狂奔，有的互相撕咬，有的对着过往路人狂吠，十分危险，而养犬人却不以为意。关于遛狗为什么不拴绳？有些市民认为自己家的狗很乖，不咬人；有的市民认为狗狗在家憋了一天，想给爱犬最大限度的自由。对此，笔者想说，再友善的狗，遇到应激情况也会失控，伤害他人。此外，如果放任狗狗自由奔跑，对其身安全也存在极大隐患。

粪便不清理的现象也较为常见。昨日，笔者在回家路上就看见一只宠物狗在路边排便，养犬人没清理，牵着狗就离开了。究其原因，要么是嫌麻烦，要么是怕脏。还有部分市民虽然处理了粪便，但随手就扔进了草丛。这些行为都是不可取的，既影响了城市环境美观，也很不卫生，过路的行人还会不小心踩到。

针对以上现象，一方面需要有关部门出台相关政策，并严格执行监管，必要时可加大处罚力度；另一方面需要养犬人提高自身素养，自觉"文明遛狗"。养犬人带狗出门前一定要注意，无论大小，都要用绳子系好，这样狗狗和周边人的安全才都能得到保障。同时，养犬人也应该主动清理好宠物粪便，共同维护好公共场所环境卫生。

<u>总之，文明遛狗别掉"链"，做文明养犬人。愿我们每一位市民，都能自觉遵守社会公德，从我做起，从身边做起，不断提高自身文明素养，共建美好春城。</u>（中心论点）

以上案例采用归纳论证，运用归纳论证时，一定要在众多事实判断和价值判断的基础上，归纳得出合乎逻辑的中心论点（一般结论），否则论证就显得不充分。

前两种推理方法的总结运用，请看以下两则案例：

案例

家委会不能成为帮学校收费的"工具"
2019 年 11 月 26 日　《北京青年报》　冰启

据报道，江西南昌某中学要家长补交 1400 元购买校服，加上之前交的校服费，总计费用达到 2300 元，大多数家长都觉得太贵。<u>交费通知由家委会成员在班级群发布，该家委会成员回应称，校服的样式和面料是学校决定的，家委会也无法干涉。校方表示，目前校服还在审定中，如果有家长不想购买，可以向家委会反映。</u>（小前提）

如果家长委员会只管发通知、负责收钱，而没有参与校服选购、确定款式和价格的权力，岂不是成为帮学校收费的工具了？（中心论点）成立家长委员会并发挥应有的作用，是学校实行现代治理的重要内容，因此学校不能把家长委员会当作摆设和工具,家长委员会也不能"甘于"当摆设和工具。对于校方以家委会为名收费,却不让家委会参与校服选购的做法,上级主管部门应当进行调查,审查学校是否与校服供应商有利益输送问题,如果存在,要追究校方的责任,同时要检查学校的家委会运行机制,督促学校完善家委会工作机制。

2015年教育部、工商总局等部门发布《关于进一步加强中小学生校服管理工作的意见》,要求学校在深入论证和与家长委员会充分沟通的基础上确定是否选用校服。(大前提)选用校服的学校要加快建立以学校和家长委员会为主体,学生代表、家长代表、社会代表等多方参与的校服选用组织,负责具体选用、采购工作。要健全工作机制,实行信息公开,吸收专业组织和人员意见建议,不断提高校服选用采购的规范性和科学性。学生自愿购买校服,允许学生按照所在学校校服款式、颜色,自行选购、制作校服。(摆出理论论据)

真正能代表家长参与学校办学管理、监督的家委会,必须由家长选择产生,同时独立运行,不是按学校要求配合校方的工作,尤其是国家明确规定要求家委会参与的工作。教育部在2012年就发文要求中小学、幼儿园必须成立家委会,将其作为建立现代学校制度,提高学校现代治理能力的重要工作。但从现实看,有的学校、幼儿园的家委会,只是摆设和工具,校方不希望有一个家委会来"监督"自己,而家长也觉得难以履行监督职责,"破坏"和校方的关系。(此段分析现实情况)(小前提)

这是对家委会的错误理解。家委会参与与学生利益密切相关的学校非教育事务的管理、监督,对于科学、民主决策十分重要。就如校服选购,广泛听取意见,会达成更广泛的共识,提高家长对校服的款式、面料、价格的满意度,也消除校服采购可能存在的权钱交易。就这起校服选购事件而言,学校没有和家委会沟通,就单方面决定,这违反教育部的规定,必须纠正这一做法,而且,家长委员会也有责任,督促学校改变错误做法,不能就充当摆设和工具。

进而言之,地方教育部门要按教育部的要求,审查学校家委会构建和运行情况。各地教育部门和中小学幼儿园要充分认识建立家长委员会的重要意义,把家长委员会作为建设依法办学、自主管理、民主监督、社会参与的现代学校制度的重要内容,作为构建学校、家庭、社会密切配合的育人体系的重大举措,以更大的热情,更有效的措施,创造更好的条件,大力推进建立家长委员会工作。(作者的期望)

这篇时评全文运用演绎推理的方法,先提出中心论点—推导大前提、小前提—进一步阐述观点—证明中心论点的正确性。

> 案例

初一校服收费 2300 元，家委会不能只是传声筒
2019 年 11 月 26 日　《南方都市报》

　　日前，江西南昌某中学初一的家长收到一份补交校服费用 1400 元的通知，加上开学时就收了的 900 元，一个初中生得要 2300 元校服费引起家长不少议论，甚至因为这事儿还挤上了热搜。（引出事实）

　　"如果升旗、搞班级活动，别人都穿校服，那你的小孩子不穿吗？"涉事学校工作人员这句话回怼得倒是挺硬气，让家长也没啥可说的，确实，校服最主要的价值可能也就在这里。对此，没多少家长能有回嘴的底气和余地——即便对校服再有意见，<u>你家娃还要不要继续在学校上学？毕竟孩子还在人家手里，而且很多学位都是不少家庭举全家之力才抢来的，能有多少家长会因为"几个校服钱"而因小失大？</u>（提出一系列问题，进一步引出论题）

　　被怼回去的家长，依然要面对这份可能不得不埋单的 2300 元"校服套餐"。说起来，13 件套的校服套装，除了夏天的短袖 T 恤、衬衫，还有两套运动装，一套礼服，一件冲锋衣和一件毛呢大衣，从量上讲，可能也算不得贵。虽然校服是全体学生穿着、所有家庭去埋单的服装，但制度上也必须考虑到不同家庭的经济承受能力。过去，在校服的必要性里就有一条，因为校服的统一性减少了学生们之间穿着上的某种攀比，<u>但"能不能交得起校服钱"会不会成为学校下一个攀比的项目？</u>（第一次递进）

　　<u>更何况，贵不贵是一回事，有没有必要又是另一回事。</u>（第二次递进）不少家长提出的疑问在于，13 件的"校服套餐"究竟有多少必要性？相较于以往单调的运动装校服，多样化起来的校服可能就不得不面临最核心的成本问题。理论上讲，校服市场的开放，校服的健康安全和物美价廉都应当可以保障，但因为校服决策、采买主体的相对固定，使得家长敢怒而不敢言的局面依然无法打破。

　　校服的花样、档次和款式，最终都需要家长埋单，但家长在这个问题上的发言权和参与度实在有限。<u>在这次的争议中，若隐若现的家委会除了信息的"上传下达"，好像能做的就剩下耸肩表示"无能为力"，</u>（第三次递进）但其实家委会作为教育部盖章认定"支持和监督学校做好教育工作的群众性自治组织"，其所能做的事，其所应起到的作用本来不应当仅此而已。包括这次炒上热搜的所有关于校服的争议，本来就应当在学校决定做出前，通过家委会与家长充分沟通直到出台各方都能接受的校服方案。

　　因为学生家长与学校在角色和权利上的严重不对等，家委会可以说是个

131

比业委会还尴尬的存在。实践中，家委会的组建从一开始就由学校主导，客观上使"支持和监督学校工作"的职能表现为"支持居多，监督岂敢"。（第四次递进，点出家委会实质）校服这桩不小的生意，从款式、厂家到价格，家长也只能做个最后的埋单者，至于过程中的实质性参与，因家委会的?° 传达室化?±，家长们可能也只有在私下的小群里吐槽的份儿。

校服事不大，即便是校服套餐，也就几件、十几件衣服的事儿，但家委会在学校事务中的参与度却攸关学生在校的很多重要权益。对校服的款式、价格没有丝毫发言权的家委会，损失的学生权益可能就不是2300元可以估量的。（中心论点）

这篇时评全文运用归纳推理的方法，通过几次递进以层层深入，最终得出结论，即中心论点。

三、类比推理的运用

类比推理是根据两个对象在一系列属性上是相同的，而且已知其中的一个对象还具有其他属性，由此推出另一个对象也具有同样属性的结论。它从个别的前提出发，推导出个别的结论。

大家在对一个新的具体事物进行判断时，往往要借助我们对于类似事物的知识，这是普遍发生而且容易启动的思维过程，在新闻评论中也一样。

类比推理可靠性程度并不高。类比推理的错误，可能存在这样几个方面：其一，类比的两个事物相差太远。举例大家熟悉的《性，犹湍水也》，我国古代一段著名的论争，论争双方都拿"人性"和与"水性"来做类比，结论却大相径庭。之所以会如此，是因为"人性"和"水性"具有完全不同的规律，不可能做出有效的推理。人类社会不同事物之间，也有着不同的规律，它们往往是类比的障碍。其二，把比喻误当作类比推理。容易与类比推理这种论证方法相混淆的就是比喻的修辞方法。列宁说："打比方不是证明。任何比方都是有缺陷的。"但是，我们现在常有一种比喻论证方法，也就是喻证法，就是用比喻来阐明事理，即用同一类型通俗、浅显，人们容易理解的事理，来论证比较深奥、复杂，人们不易理解的事理。但是，归根结底，比喻论证中的喻体，只能使被论证的论点的含义更易于理解，一般不能直接论证论点的正确性。

四、概念分析法

在我们的社会生活中，许多思想观念的困扰往往对应着人们使用概念方面的混乱。新闻评论对事物进行判断，往往就要从辨析和厘清概念开始，这种方法也被一些学者称为概念分析法。概念分析法指的是通过对概念含义的揭示和辩证来阐明观点，纠正谬误。

> 案例

"青花椒"商标纠纷，本质是混淆概念的碰瓷式诉讼
2021年12月24日　"封面评论"　蒋璟璟

近日，有网友发帖称，因店招含有"青花椒"三字，四川有多家餐馆，被上海的一家餐饮公司起诉，其在2021年11月、12月，起诉了数十家四川的餐馆。成都一火锅店店主唐女士就收到了成都市中级人民法院发来的传票，被告知自己经营了多年的火锅店因为使用"青花椒"商标而侵权了。记者调查发现，多地的多家餐饮企业也因为类似的侵害商标权纠纷被告，而这种种事件背后都指向一家名为上海万翠堂餐饮管理的公司。（封面新闻）

用了"青花椒"，动辄收传票。似曾相识的"商标纠纷"，如出一辙的围猎套路。看起来是依法维权，可是其间做局挖坑、钓鱼碰瓷的意味，欲盖弥彰。一群商标猎人，以特定"商标"为饵，以一众中小商家作为猎物，以滥诉、恶诉为财路，流窜多地，一再上演强词夺理、颠倒黑白的戏码。此类"生意"，与其说是"煞费苦心钻法律空子"，不如说是一种"四处撒网的概率游戏"：一张律师函，一纸起诉书，能碰一个算一个、能赚一笔是一笔，堪称是无本万利了。

表面看起来，"青椒鱼"商标的持有人，其所有的维权主张、维权举动，似乎有理有据，很像那么回事。剖解发现，其操盘逻辑是极其简单明晰的："我注册了商标，你用了我的商标，所以你要赔我钱"。可是，商标法等所建构的庞大的价值体系和权责系统，又岂是这么肤浅呢？店招里用了"青花椒"，就属于是侵犯了"青花椒"商标？貌似有理，实则不明就里。而这种似是而非的模糊策略，恰恰误导了很多人，其中既有餐饮从业者，也有某些司法工作者。

回归商标法的立法本意和具体条款，我们实则很容易判断，"青花椒"式商标维权，根本就是胡搅蛮缠。需要明确的是，"青花椒"作为一种通用名称，其注册为商标是有严格条件的。"仅有本商品的通用名称、图形、型号的"情形，不得作为商标注册，"带有欺骗性，容易使公众对商品的质量等特点或者产地产生误认的"不得作为商标注册——换而言之，"青花椒"牌青花椒，或者"青花椒"牌调味粉等，就是不能注册的。

语言学上有能指和所指之说，这在法律文本的订立层面，一样有体现。某某词汇，当它的名称本义所表达之对象与指定商品相同或联系过密时，因其不具备显著识别力而不能注册为商标。若是关联程度较低，能够为消费者所区分，就具备可注册性。举例来说，苹果牌手机是可以的，苹果牌苹果，或苹果牌苹果醋、苹果牌火龙果则不行。以此量之，我们应该承认，"青花椒"注册在第43类"第43类提供食物和饮料服务"，其并非青花椒调料，所以本身是成立的。

但，即使"青花椒"是注册的餐饮商标，也同样不意味着别家店招里出现"青花椒"三字就属于侵权。这一判断，是基于三个层面的理由：其一，"在先的善意正当使用行为"不构成商标侵权，很多店很早之前就开始使用"青花椒鱼"等招牌了；其二，此类店家并无攀附商标知名度的主观恶意，客观上不会造成公众的混淆误认。青花椒很有名，"青花椒"餐饮公司或曰餐厅却是籍籍无名；其二，很多"青花椒鱼"店招里的青花椒，本质上是作为一种调味品或曰烹调技艺而宣传的，这与注册为非调料的"青花椒"商标根本是两回事。

商标纠纷，涉及极其复杂的法律问题。绝非照搬法条、照本宣科，就可玩转。一些显而易见的知识壁垒、信息壁垒，被很多人当成了发财门路，在其精心炮制的商标陷阱、恶意维权之下，不少商家莫名其妙就被绕进去了。之于此，司法实务机关理当恪守专业主义，充分释法说理，引导社会预期，对营商者合法权益予以保护与救济。

以上新闻评论用围绕"青花椒"这一概念，指出上海万翠堂餐饮管理的公司背后的深层逻辑，即"一张律师函、一纸起诉书，能碰一个算一个、能赚一笔是一笔，堪称是无本万利了"。从辨析"青花椒"这一概念入手，纠正谬误。

演绎推理、归纳推理、类比推理和概念分析法等四种逻辑推理形式，在新闻评论写作中是综合运用与灵活运用的。为保证逻辑推理真实可靠，必须保证两个基本条件：一是推理的前提必须真实，二是推理的形式必须正确。就是说，要遵循形式逻辑的一些基本规律，如：

同一律——在同一思维过程中，每一思想必须与其自身保同一。

矛盾律——在同一思维过程中，一个思想及其否定不能同为真。

排中律——在同一思维过程中，两个互相矛盾的思想（判断）不能同为假，必有一真一假，没有中间的可能。

充足理由律——在论证过程中，任何一个真实思想（论断）都要有充足理由，这涉及形式逻辑。

写评论的目的是要讲清道理，明辨是非。我们所运用的论据都是为说理服务的，不同的论据在评论中起到不同的作用，或劝勉，或解惑，或释疑，或棒喝。事实证明，一篇评论是否具有较强的说服力，固然取决于论点是否正确、鲜明，论据是否充分、可靠，但光有这些还不够，还需要围绕论点，恰当地安排论据，进行合乎逻辑的推理，即严密的论证。在整篇评论中，论证就好像纽带，把需要的论据围绕论点贯穿起来，组织起来，使两者有机结合在一起，从而使文章产生令人信服的力量。

课后练习

一、简答题

1. 什么是新闻评论的论证？
2. 新闻评论的论证与论点、论据的关系是什么？
3. 新闻评论的论证与形式逻辑的关系是什么？

二、操作题

找出以下新闻评论的论证，并说明它的推理过程。

考生违规泄题被计零分：唾弃举报者是一种伪正义

2021年4月11日　"红辣椒评论"　陈与夕

近日，部分参加中国人民大学法学院法律（非法学）硕士专业学位研究生复试的考生因违反考场规则和考试纪律受到处理，引发网民关注。对此，中国人民大学法学院发布说明回应称，该22名考生的行为，违背了复试承诺，违反了考场规则，破坏了考试秩序，已构成考试违纪。经学校研究决定，取消该22名考生一志愿复试相应科目考试成绩，给予计零分的处理。（4月9日《中国青年报》）

在交流群中"分享"复试题反遭举报，此事引发巨大争议。有人认为，泄题是"好心分享"，而举报是在"过河拆桥"；泄题者乐于助人，不应该判"三战四战"的考生零分，而举报者则是在利用规则为自己铺路，应该一起判零分才对。

试问，如果在复试交流群里泄题是好心，这样的好心对未入群的考生是否公平？如果对"三战四战"的考生就应该放其一马，那么对"一战二战"的考生是否公平？如果举报就是有罪、冷漠，默认泄题合理并从中获利是否更加"精致利己"？说到底，对泄题者的同情和对举报者的谴责，将人情凌驾于规则之上，这样的情绪宣泄经不起推敲。其背后的逻辑，是对各类考试中分享试题的习以为常，认为此般"互利"合情合理。

唾弃举报者是一种伪正义，无论举报者泄题时是尚未复试还是已复试，举报泄题行为都是严守规则的体现，何谈"利用规则"一说。《中国人民大学2021年硕士研究生诚信复试承诺书》中明确表明，考生在复试过程中不得录音录像，不得保存和传播复试有关内容，若考生违背承诺，自愿承担相应的法律责任并接受记入国家教育考试诚信档案数据库，三年内不得报考研究生的处罚。作为法硕考生，心中更应当有规则意识，严守考场规则，泄露考试试题不等于考后分享经验和资料，即使高校未明确考研复试内容的保密期限，但显然，在复试尚未完全结束时泄题，是对诚信承诺书的无视，学校依规处置涉事考生无可厚非。

诚然，规则未必尽善尽美，如何堵住泄题漏洞值得关注。正如此次事件中，如果泄题者没有在群里公然讨论，而是通过私聊来传播考题，则会让维护考试纪律更为困难。在复试人数众多的情况下，给每位考生的题目是否重复，同样不得而知。受新冠疫情影响，近两年的考研复试中，许多高校采取线上视频面试的方式考察考生的专业能力和综合素质，社交平台的便利也加大了复试监督的难度。高校完善规则，考生严守规则，提高考试过程的透明度，方能捍卫考试和教育的公平公正。

第六章

新闻评论谋篇布局

本章学习要点：

1. 新闻评论谋篇布局的要求
2. 新闻评论立论与驳论的结构形式
3. 新闻评论谋篇布局的主要方式

新闻评论的写作是一个过程性活动，从确定选题开始，到写成完整的评论结束。开头和结束之间仿佛隔着一条河，从确立选题到完成写作中间需要一座桥。在新闻评论写作中，这座桥被称为谋篇布局，即确定在新闻评论的写作过程中确定好从何处落笔，先写什么，后写什么，再写什么。

第一节　谋篇布局的基本要求

凡事豫则立，不豫则废。言前定则不跲，事前定则不困，行前定则不疚，道前定则不穷。

——《礼记·中庸》

一、谋篇布局的基本含义

古人行文常常要求"言之有物、言之有理、言之有序"。这里提到的"序"指的就是文章的谋篇布局。刘勰也说过"振本而末从，知一而万毕矣"。这说的也是对文章进行谋篇布局的问题。一篇好的文章离不开一个好的谋篇布局，谋篇布局的外在表现便是文章的结构。新闻评论的谋篇布局既是对文章的总体设计，也是新闻评论写作逻辑思路的总体安排。新闻评论的谋篇直接关系着文章的成败。

二、谋篇布局的基本要求

1．基本原则

（1）与评论的题材属性一致

新闻评论对不同的新闻事件进行评论时，所选取的体裁、结构都将不同，这会直接影响到新闻评论的谋篇布局。因此，在对新闻评论进行谋篇布局时一定要确保与评论的体裁属性相一致。

根据新闻事件发生和影响的主要范围的不同，可以将新闻事件分为社会事件、政治事件、外交事件、军事事件、法治事件、医疗卫生事件、文化事件、科技事件、体育事件、娱乐事件等；根据新闻事件发生的时间和周期性，可分为突发性事件，周期性事件，持续性事件；根据新闻事件发生的地点的不同，可以将新闻事件分为本地事件、国内事件、国外事件；根据新闻事件的影响力和引导力的不同，可以分为一般事件、典型事件、重大事件。

能成为新闻评论的事实通常有着极高的社会影响力。

（2）与受众的心理和认知水平一致

新闻评论在表达观点的同时，也追求说服信息的接收对象。从某种程度上来说，新闻评论就是一种具有说服性效果的文本。要想实现良好的说服效果，新闻评论的谋篇布局要与广大受众的心理和认知水平一致。学历较高、工作繁忙的读者阅读新闻评论的时候多是匆忙的，那么面向这类人的评论在谋篇布局时一般可选择简明扼要的结构形式；如果面向的是文化教育程度不太高的对象，在谋篇布局时要尽量选择精明扼要、通俗易懂的结构形式。现实的新闻评论写作会选择三大块形式来布局，即提出问题—分析问题—解决问题（又称：凤头—猪腹—豹尾）。

此外，受众在接收新闻信息的时候注重接收信息的效率，正如新闻报道中选择倒金字塔的结构来撰写新闻一样，新闻评论往往趋向于选择开门见山的结构形式，为的就是能够有效地进行信息传达。因此，新闻评论为了满足受众的这一信息接收心理，通常会采取"摆事实情况—陈述观点信息—论证观点"的结构。

（3）与媒体的风格特征一致

新闻评论的谋篇布局最后体现的是新闻评论的结构。如果把论点比作评论的灵魂，那么结构就是评论的骨架。厚重严肃型的党报媒体在评论的写作中往往会趋向于"先陈述事实，从新闻源头开始说起—陈述观点或者陈述问题—为观点提供理由以及能支持观点的事实—提出解决问题的途径"等较为固定的模式。而目前的新媒体在进行新闻评论写作时，其结构往往并无定数，注重创新，这与新媒体不断追逐创新有着直接的关系。

（4）与评论的体裁特征保持一致

新闻评论的结构也需要符合具体的评论体裁。新闻评论既有篇幅短小的"编后""编者按"以及三言两句的"点评"、一事一句话的微评论，也有有时长达一两千字的大型评论，如《南方周末》这类媒体的评论往往在 2000 字以上，一般报纸的评论字数则在千字左右。同时还有社论、评论员文章、编辑部文章等多种不同的类型。小型评论一般要求小而精、精而全，写作中通常需要直接摆明观点进行论证，且要求入题快，布局简明。长篇的新闻评论则可以娓娓道来，逐步入题，可以从多个不同的层面进行归纳、演绎、反证等。因此，不同体裁的新闻评论的布局方式各不相同。

2．主要要求

（1）布局合理

新闻评论在结构安排上要做到布局合理，首先就要处理好观点与材料的关系，确保材料能够充分论证观点。先提出观点，应用材料进行论证，或者先摆出事实，提出问题，再来运用论据进行论证。无论哪种结构安排都需要处理好观点和材料之间的关系。其次，各个分论点在总论点中所占据的比重并不完全相同，因此在进行结构布局时，也需要根据各个分论点的重要程度进行主次的划分，并按照合适的比例对全文结构进行安排。最后，新闻评论包含开头段、中间段和结尾几个部分，在进行结构安排时，也需要处理好各部分之间的衔接和过渡，确保行文逻辑合理。

（2）层次明晰

一篇新闻评论有自己的层次，评论文章划分层次主要有两种方法：第一，根据论证论点的要求分清分论点之间的关系，按照分论点的逻辑联系，有先有后、层层深入地进行安排，每个分论点及其论证就是一个层次。第二，按照对论题进行分析的层次来安排，对论题从几个方面或几个层面进行分析，一层层地展开论述，论证论点。如《解放日报》在鸦片战争 150 周年时发表的社论《历史给我们什么启示》一文围绕总论点，从启示一"落后就要挨打"、启示二"对外开放是历史发展的要求"、启示三"只有社会主义才能救中国"这样三个层面逐层展开论述，让读者自然而然地从中得出总论点即历史给我们的启示。

（3）逻辑严密

逻辑严密就是总论点与分论点之间、各个分论点之间、论点与材料安排之间都有一种必然的联系。这样，评论的结构才会严密。

第二节　立论和驳论的结构形式

思想不会单独发生，做一篇文章的时候，心中必定有许多思想；若是没有系统写出来，还算是无思想。好文章是拿几种思想有条理地排列起来。如一块玻璃，一根木料，不能成为窗户，几块玻璃，几根木料，乱放在一起也不能成为窗户；必定要拿好几块玻璃，好几根木料，依照一定的条理配好，然后成为窗户。所以散乱的思想不算思想。曾文正也说过："……言之有物，言之有序"；有物便是内容，有序便是系统。

——梁启超

新闻评论属于议论文的范畴，自报刊上诞生新闻评论起，新闻评论就是新闻宣传的旗帜和灵魂，故新闻评论一般会对新闻报道的重要事件或重大问题进行分析议论，可以明确指出新闻报道中的思想政治意义、合理合德的性质、优秀典范的作用等，同时也可以从某个侧面或者角度借题发挥提出一些引人思考的问题启发读者，还可以对某些事件、某些人、某些物、某些思想观点、某些社会现象进行批判批驳。在论证的过程中，既可以提出某些观点对这些观点的合理性、正确性、科学性进行论证，也可以对错误的思想观点、不良的社会现象等进行否定驳斥。在为新闻评论谋篇布局时，首要的就是判断出评论的写作角度，即是要论证一个思想观点还是批驳一个思想观点。

一、立论

立论型新闻评论指的是针对客观事物或问题，直接提出自己的见解和主张，阐明理由，表明自己态度的评论文章。换一个角度来说，立论就是运用充分有力的证据从正面直接证明自己论点正确性的论证形式。立论性新闻评论最大的特点是将笔墨集中在论证自己提出的观点的正确性、合理性上。因此在谋篇布局时，立论型评论可以有以下几种不同的结构形式：

1. 在标题中提出论点

这类新闻评论在标题中提出论点后，在正文中会紧紧围绕论点进行分析论证。以下以十一届中国新闻奖获奖作品《莫以纪律红线为怠政懒政找借口》一文为例进行阐述。

案例

莫以纪律红线为怠政懒政找借口
2020年12月18日　《宝鸡日报》　裴兴斌

习近平总书记多次强调，党员领导干部要实干担当，勉励大家撸起袖子加油干。然而，笔者在基层采访时发现，不少党员领导干部以"怕碰纪律红线"为由，给自己不想干事、不肯担当的怠政懒政行为找借口，破坏了实干担当氛围，损害了党的形象，迟滞了事业发展。这种违背"纪律红线"初衷、与高质量发展格格不入的行为和做法，必须予以纠正！

党的十八大以来，围绕全面从严治党，党中央制定出台了"八项规定"、开展了狠刹"四风"活动，并给党员领导干部划下纪律红线，教育党员干部"知敬畏、明底线、守规矩"，告诫党员干部"不忘初心、牢记使命"。这些规矩制度和纪律红线，原本是让广大党员干部更好地为人民服务，从而更好地推动党和人民事业的发展。然而，不少党员领导干部面对纪律红线的约束，思想上滋生了畏难情绪、抵触情绪，找各种理由为自己的怠政懒政行为开脱。这些人遇到问题绕着走，碰到矛盾躲着走，看见难点掉头走；信奉"少干事就不出事"的谬论，怕担责、怕出头，生怕"枪打出头鸟"；对上级下发的文件照搬照抄，对组织安排的工作敷衍应付，一谈创新就摆客观原因，一讲责任就推诿扯皮；于己有利则弓着身子往前钻，一说担责就缩着脖子朝后退。凡此种种，不一而足！

能担责者堪大任，善担当者路更宽。当前，改革发展春风疾，追赶超越脚步急，形势着实逼人，场面波澜壮阔，无功即是过，不干就是错。党员领导干部理当胸怀全局、心系人民，以大无畏的精神披荆斩棘、实干担当，于困局中求突破、在危局中闯新途；理当挣脱"自我"的羁绊、冲破"小我"的束缚，把纪律红线视为干事创业的"护身符"，把"为官一任，造福一方"当作奋斗终身的"座右铭"，撸起袖子加油干，在开拓创新中显身手，在奋楫争先中建功业。

尸位素餐本身就是腐败，不作为的"懒政"也是腐败。我们要严厉问责那些"混日子""不作为""得过且过"的行为。工作中，善找借口者志颓，总想开脱者自私，是宗旨意识淡漠，是精神之钙匮乏，是官本位思想作祟，是价值取向有误，与党和人民的根本利益背道而驰。问责是根治怠政懒政病态的"强心剂"，能让"不在状态"者醍醐灌顶，能让意志消退者精神抖擞。通过组织问责，促使怠政懒政者必须担责、勇于担责；通过建立激励和容错纠错机制，为敢于担当、踏实做事者撑腰鼓劲，双向发力，形成常态，进而促进党风政风持续好转，推动各项事业蒸蒸日上。

这篇新闻评论针对现实工作中不少党员领导干部以"怕碰纪律红线"为由，给自己的"怠政懒政"行为找借口，不但贻误工作、破坏实干担当的氛围，还在群众中造成不好的影响这一现象有感而发，在标题中便鲜明地提出"莫以纪律红线为怠政懒政找借口"这一评论论点，在正文中用四个段落从不同角度对这一主张的正确性和必要性进行论证。

2．在文章的开头提出论点

将论点放在新闻评论的开头是新闻评论中较为常见的一种谋篇形式，如以下这篇《凝聚侨心侨力 谱写复兴华章》。

案例

凝聚侨心侨力 谱写复兴华章
2023 年 08 月 31 日　《人民日报》

今天，第十一次全国归侨侨眷代表大会在北京开幕。这是在全党全国各族人民迈上全面建设社会主义现代化国家新征程、向第二个百年奋斗目标进军的关键时刻召开的侨界盛会，是广大归侨侨眷和海外侨胞政治生活中的一件大事，对于凝聚侨界力量、促进海内外中华儿女团结奋斗具有重要意义。我们对大会的召开表示热烈祝贺！

党的十八大以来，以习近平同志为核心的党中央统筹中华民族伟大复兴战略全局和世界百年未有之大变局，团结带领亿万人民有效应对严峻复杂的国际形势和接踵而至的巨大风险挑战，推动党和国家事业取得历史性成就、发生历史性变革，中华民族迎来了从站起来、富起来到强起来的伟大飞跃。在波澜壮阔、气象万千的新时代，广大归侨侨眷和海外侨胞发扬优良传统，爱国爱乡、融通中外，与祖国共奋进、与人民同奋斗，用实际行动书写了"侨心向党、报效祖国"的动人篇章，展现出自信自强、团结进取的昂扬精神风貌。事实充分证明，归侨侨眷和海外侨胞不愧为我国现代化建设、实现中华民族伟大复兴中国梦的重要力量。

党中央历来重视发挥广大归侨侨眷和海外侨胞的独特作用，高度重视做好归侨侨眷和海外侨胞工作。新时代以来，以习近平同志为核心的党中央从全局和战略的高度，对推进侨联改革、深化侨务改革、做好侨务工作作出一系列重要部署，提出明确要求。习近平总书记关于侨务工作的重要论述，为做好新时代党的侨务工作指明了前进方向，为新时代侨联工作改革创新提供了根本遵循。在党中央坚强领导下，第十次全国归侨侨眷代表大会以来，中国侨联和各级侨联组织坚持以习近平新时代中国特色社会主义思想为指导，深入学习贯彻习近平总书记关于侨务工作和群团工作的重要论述，胸怀"国之大者"，做好"侨"的文章，团结、引导、服务归侨侨眷和海外侨胞，推动侨联建设和工作取得显著进展，侨联组织呈现新的面貌。事实充分证明，侨联组织不愧为党和政府联系归侨侨眷和海外侨胞的重要桥梁和纽带。

党的二十大擘画了全面建设社会主义现代化国家、以中国式现代化全面推进中华民族伟大复兴的宏伟蓝图。习近平总书记强调："实现中华民族伟大复兴的梦想，需要海内外中华儿女共同奋斗。"在强国建设、民族复兴的新征程上，我们要巩固和发展最广泛的爱国统一战线，把归侨侨眷和海外侨胞紧密团结起来，把归侨侨眷和海外侨胞的优势发挥出来，动员全体中华儿女围绕实现中华民族伟大复兴中国梦一起来想、一起来干，汇聚起同心共圆中国梦的磅礴伟力。团结凝聚广大归侨侨眷和海外侨胞为党和人民事业不懈奋斗，是侨联的光荣使命。紧紧围绕"凝聚侨心侨力同圆共享中国梦"的新时代侨务工作主题，加强和改进侨务工作，画好最大同心圆，就一定能形成共同致力民族复兴的强大力量。

"中国梦是国家梦、民族梦，也是每个中华儿女的梦。"今天，我们比历史上任何时期都更接近、更有信心和能力实现中华民族伟大复兴的目标，同时必须准备付出更为艰巨、更为艰苦的努力。让我们更加紧密地团结在以习近平同志为核心的党中央周围，守护"共同的根"、传承"共同的魂"、成就"共同的梦"，齐众心、汇众力、聚众智，为全面建设社会主义现代化国家、全面推进中华民族伟大复兴作出新贡献、谱写新华章。

这篇社论的结构与一般议论文大体一致，即论点、论据、结论的三段式。开头第一自然段便是论点，开门见山地指出了第十一次全国归侨侨眷代表大会是在全党全国各族人民迈上全面建设社会主义现代化国家新征程、向第二个百年奋斗目标进军的关键时刻召开的侨界盛会，是广大归侨侨眷和海外侨胞政治生活中的一件大事，对于凝聚侨界力量、促进海内外中华儿女团结奋斗具有重要意义。

第二、第三、第四自然段为论据。第二自然段主要论述"党的十八大以来，以习近平同志为核心的党中央统筹中华民族伟大复兴战略全局和世界百年未有之大变局，团结带领亿万人民有效应对严峻复杂的国际形势和接踵而至的巨大风险挑战，推动党和国家事业取得历史性成就、发生历史性变革，中华民族迎来了从站起来、富起来到强起来的伟大飞跃"。第三自然段论述"党中央历来重视发挥广大归侨侨眷和海外侨胞的独特作用，高度重视做好归侨侨眷和海外侨胞工作。新时代以来，以习近平同志为核心的党中央从全局和战略的高度，对推进侨联改革、深化侨务改革、做好侨务工作作出一系列重要部署，提出明确要求"。第四自然段论述"党的二十大擘画了全面建设社会主义现代化国家、以中国式现代化全面推进中华民族伟大复兴的宏伟蓝图"收束全文的结论。

3．在文章的末尾提出论点

有的新闻评论将论点放在文章的末尾，在多方论证分析后才最终提出。如第三十二届中国新闻奖获奖作品《三观岂能跟着五官走？》一文。

案例

三观岂能跟着五官走？
2021年8月6日　《光明日报》　牛梦迪

在娱乐产业化的时代，偶像诞生就像是资本运作逻辑下一件商品的问世。为了推销这件商品，"颜值即正义"的畸形价值观正在悄然流行。在这种不良社会思潮"颜值即正义"影响下，部分人的三观跟着五官走，认为长得帅或美可以代表一切。只要颜值够高，即使犯了罪也有人同情。粉丝对偶像这种"无脑式"的追捧行为，形成一波又一波的舆论热点，引发了社会各界的关注讨论。

因变现快、获利高，近年来偶像产业成了资本眼中的香饽饽。在"偶像养成"模式下，经纪公司与各大网络视听平台以打造偶像团体为目标，将年轻、貌美、帅气的男孩女孩们送上综艺选秀节目、文艺晚会等曝光度高的平台，获取高关注度和粉丝量，从而实现流量变现。在这个过程中，偶像养成类选秀节目迅猛崛起。这些节目重点聚焦选手的成长过程，追求"让粉丝看着自己所喜爱的偶像慢慢长大"的效果。为了让自己喜欢的选手脱颖而出，一场场喧闹狂躁的投票大战在粉丝之间拉开帷幕，让节目制作方、广告商赚得盆满钵满。尝到甜头之后，艺人经纪公司如雨后春笋般涌现出来，很多老牌公司也转变业务方向，纷纷将目光放在偶像市场的发展上。这些公司的实力良莠不齐，大公司选拔有潜力的年轻人，并依靠自身资源对其进行培养和包装；而中小型公司更像是以手中的艺人为赌注，在偶像市场进行一场赌博。

从2018年到2021年的四年间，选秀类综艺节目一共打造了7组偶像团体，输送了数十位新晋偶像。这些选秀节目中对高颜值的追逐倾向十分明显，一些导师在评价选手时秉持"颜值即正义"的理念。有导师甚至在节目中直接对选手说："你长得好看就够了，不需要会别的。"很多观众给选手投票时，也不看选手专业能力和文化水平。有的选手根本没有接受过专业训练，唱歌跑调，跳舞跟不上节奏，业务能力惨不忍睹，更别提文化修养和精神涵养了。但这些选手却能凭借高颜值过五关斩六将，在激烈竞争中"躺赢"。

为了维持公众的高关注度和高讨论度并转换为高流量数据变现，经纪公司、平台和艺人挖空心思立人设，想尽办法做数据，费尽心机争取各种影视剧、综艺节目的露脸机会，刷存在感。在这个过程中，他们发现"饭圈"蕴藏的巨大潜力，于是使用各种方法诱导年轻粉丝群体投票打榜，将其培养成天然的流量制造群体。于是，一次次围绕"颜值即正义"的营销就此展开，一场场为了"颜值"奋不顾身的"饭圈"行为让人瞠目结舌。

从某种角度来看，偶像是粉丝自己梦想的投射，其所承载的是粉丝对美好的想象和向往。然而，一些在偶像工业体系中打造出来的"爱豆"是空有其表的花架子。这些人大多数尚未成年就离开学校，进入经纪公司当练习生。他们将时间更多花在表情管理的训练、讨好粉丝的话术、应对采访的技巧上。有的年少成名，在人生观、价值观形成的关键时期没有受到良好的文化教育，而是在名利场浸泡，被粉丝们追捧。于是，一部分人开始膨胀，对自我的认知和人生的定位逐渐发生偏移，甚至做出触犯国家法律的行为。可见，一个偶像的打造，应该将重点放在教育而不是包装上，应对其文化水平、专业能力、道德修养等方面都有专业且全面的规划。真正的优质偶像未必有无懈可击的容颜、潇洒婀娜的体态，却一定要具有善良、谦逊、敬业等优良品质，时刻以"用精品力作回馈粉丝期待"来严格要求自己。

三观岂能跟着五官走？"颜值即正义"背后，反映了不良倾向下价值理念的跑偏。我们应坚决抵制这种肤浅媚俗的讨论模式，少谈一点颜值，多谈一点文化；少做一些伪流量，多传播一些正能量。

在这篇评论中，评论员从"造星""选秀""追星"三个层面出发，分析了偶像诞生的逻辑及其中的问题。文章特别指出，选秀节目为造星提供了空间，并诱导年轻人进行投票打榜。《三观岂能跟着五官走？》把论点放在三观上，一针见血地指出，"颜值即正义"背后是不良倾向下价值理念的跑偏，倡导"少谈一点颜值，多谈一点文化；少做一些伪流量，多传播一些正能量"，最终提出用精品力作回馈"粉丝"期待的主张。

二、驳论

驳论是通过驳斥对方论点，证明它是错误的、荒谬的，从而证明自己观点正确性的一种论证方法。驳论可分为驳论点、驳论据和驳论证三种。

驳论与立论一样，是一种议论和说理的方式。进行驳论，事先必须占有材料，对错误言论进行周密的分析，弄清它的症结所在，集中一点，才能一针见血，击中要害。"伤其十指，不如断其一指"，这是驳论的要领。驳倒了错误的论点，正确的论点才能确立起来。因此驳论的最终目的还是要立论，驳论性的评论中必然也含有立论。例如鲁迅的《中国人失掉自信力了吗》一文，为了驳斥"中国人失掉自信力了"这一错误论点，就提出"我们有并不失掉自信力的中国人在"这个正面论点，然后运用古往今来的事实，证明这一论点的正确性，从而驳倒了反面论点。

在驳论中，既可以驳斥对方的论点，也可以驳斥对方的论据，还可以驳斥对方的论证。驳论点是就文章的论点中的根本性错误，与相关基本原则冲突的部分进行反驳；驳论据是对文章的支撑——论据进行反驳，既可以直接反驳，也可以通过归纳论据中的谬误的办法反驳；

驳论证是对文章的论证方式进行反驳，针对举例论证可以是找出例子与事实，情理不符的部分，针对排比论证，可以指出排比中不合理的部分，针对道理论证可以采用哲学知识指出其错误的方法进行反驳。在进行驳论时，应区分不同性质的矛盾，坚持以理服人的原则。

在实际的新闻评论实践中，媒体常用的驳论方法有直接反驳、反证法、归谬法等，不同方法的应用会出现不同的谋篇与布局形式。

1. 直接反驳

这是运用论据或推理，直接证明敌论点错误的一种方法。

如第二十九届中国新闻奖文字评论一等奖获奖作品《对"私营经济离场论"这类蛊惑人心的奇谈怪论应高度警惕——"两个毫不动摇"任何时候都不能偏废》

> **案例**

对"私营经济离场论"这类蛊惑人心的奇谈怪论应高度警惕
——"两个毫不动摇"任何时候都不能偏废

2018年9月13日　经济日报社　平言（吕立勤）

近日，源于自媒体的一篇文章，引起网上一片哗然。荒谬逻辑推导出的结论、自以为是的奇葩论调，在当前外部环境发生明显变化的大背景下，尤应引起高度警惕。

这篇自称"资深金融人士"发布的网文称，"私营经济已经初步完成了协助公有经济实现跨越式发展的重大阶段性历史重任。下一步，私营经济不宜继续盲目扩大，一种全新形态、更加集中、更加团结、更加规模化的公私混合制经济，将可能在社会主义市场经济社会的新发展中，呈现越来越大的比重"，理由是"私营经济"即非公有制经济"是没有纪律的，是没有深谋远虑的，是不足以面对日趋严峻的国际竞争的"。其核心错误，是试图否定和动摇我国社会主义基本经济制度和社会主义市场经济体制，把当今世界和平合作、开放融通、变革创新时代潮流中各类企业谋求发展的美好愿望，与其自定义的所谓"国家意志"对立起来，并试图通过"更加集中"和"更加规模化"的"一大二公"的经济形态所取代。这无疑是逆改革开放潮流而动、企图开历史倒车的危险想法。

40年前，以党的十一届三中全会为标志，我国开启了波澜壮阔的改革开放历史征程，不断冲破僵化思维和体制机制藩篱，逐步确立起公有制为主体、多种所有制经济共同发展的基本经济制度，把公有制经济和非公有制经济共同作为社会主义市场经济的重要组成部分，使之成为我国经济社会发展的重要基础。党的十八大以来，习近平总书记多次强调坚持"两个毫不动摇"，要求将其体现到各项具体政策中，极大地激发了我国公有制经济和非公有制经济的活力，更使得科学社会主义在21世纪的中国焕发出强大生机活力。今日中国，已经成为世界第二大经济体、第一大工业国、第一大货物贸易国、第一大外汇储备国；人民生活已从短缺走向充裕、从贫困走向小康。改革开放给中国带来翻天覆地的变化，根本无从得出要对非公有制经济"卸磨杀驴"、以公有制取代非公有制的方式发展混合所有制经济的荒谬结论。

如此看来，自媒体上流传的这类蛊惑人心的奇谈怪论，若不是为了一己之私谋求网络轰动效应和流量收益，便是另有企图、别有用心了。令人欣慰的是，面对互联网上充斥的各类谣言，越来越多的"吃瓜群众"正在变得耳聪目明。不过，即便如此，仍有必要重温《中共中央关于全面深化改革若干重大问题的决定》的有关内容："允许更多国有经济和其他所有制经济发展成为混合所有制经济。国有资本投资项目允许非国有资本参股。允许混合所有制经济实行企业员工持股,形成资本所有者和劳动者利益共同体。"由此可见,中央所鼓励的混合所有制经济,是产权多元、自主经营、治理规范的市场微观主体形态,绝非计划经济时代"一大二公"的翻版。唯有全面准确理解中央决策部署的精神实质,才能识破种种反智论调的荒谬所在。

当前,国内外形势错综复杂,企业生存发展面临诸多新挑战。如何同舟共济,闯过急流险滩?重要一条,就是在以习近平同志为核心的党中央坚强领导下,凝聚改革共识、坚定开放信心,继续坚持和完善我国社会主义基本经济制度,绝不能逆时代潮流而动,开历史倒车。公有制经济财产权不可侵犯,非公有制经济财产权同样不可侵犯。在毫不动摇巩固和发展公有制经济的同时,必须毫不动摇鼓励、支持、引导非公有制经济发展,激发非公有制经济活力和创造力。"两个毫不动摇"任何时候都不能偏废。

这一篇评论是在中美贸易摩擦背景下国内民营企业深受困扰的敏感时期针对"私营经济离场论"这一奇谈怪论进行的旗帜鲜明的驳斥,有力发挥了主流媒体正本清源的作用,展现了主流媒体的责任与担当。从这一篇评论中可以看出,直接反驳在行文中通常会在开端指出这一敌对观点的错误性,接着从论据、论点等方面展开对其的反驳,在文末通常会对正确的己方观点进行重申强调。

2. 归谬法

该方法先假定对方的论点是对的,然后以它为前提,推导出一个明显荒谬的结论,从而证明对方论点是错误的。说到底归谬法就是以子之矛攻子之盾,即用对方自己所提观点来反驳其观点。

归谬法一般都有一个由假设连词带起的比较明显的标记语。如冯梦龙《古今笑史·塞语部》记载:东汉南昌人徐孺子十一岁的时候,有一次同太原人郭林宗出游,游毕回到郭家时,因郭宅庭中有一树,郭欲将树伐去。郭伐树的理由是:"为宅之法,正如方口,口中有木,困字不详。"徐孺子对此进行了反驳:"为宅之法,正如方口,口中有人,囚字何殊?"

徐孺子之语的意思是:如果因"困"字不祥要砍树,岂不是要因为"囚"字不祥而把家中人杀掉吗?徐孺子对郭林宗砍树理由的反驳就是顺着郭林宗的思路,从郭林宗的逻辑推理中引出荒谬,说服郭林宗不要砍树。这个反驳就是一个归谬反驳的过程,运用的是逻辑上的归谬反驳法。

2017年,辽宁卫视对延边大学一名博士生谭超的故事进行了报道,引起了人们的广泛关注和社会大讨论,各大媒体平台纷纷发表评论表达对此事件的看法,其中一篇名为《实现价值,何妨"兼职"?》便采用了归谬反驳法进行论证。

> 案例

实现价值，何妨"兼职"？

佚名

最近，延边大学博士生谭超从事快递工作引起热议。有人说，作为一个学生，而且是博士生，理应把用于工作的时间投入学术研究上。然而，实现价值，从来不应忽视所谓"副业"，更何况，谭超也并没有因从事快递业而影响自己的学业，因此，实现人生价值，又何妨像谭超一样"兼职"呢？或许有人会说，谭超学的是历史专业，跟快递这一行业半点关系都没有，还说什么实现人生价值？

然而，腾子京吟诗作对跟他在朝为官毫无关系；埃尔温·薛定谔出书与他研究量子力学毫无关系；李小龙导演电影跟他练习武术也没有必然关系。但是，能说腾子京吟诗作对阻碍了他守巴陵郡时"政通人和""百废俱兴"吗？能说薛定谔写《生命是什么》一书影响了他在物理学史上流芳千古吗？能说李小龙导演《猛龙过江》影响了他在武术界雄踞榜首吗？显然不能。那么又怎么能因为谭超所从事的快递业与他所学的历史专业无关而断定他无法实现个人价值呢？

也许有人说，谭超从事快递业，浪费了时间，也消耗了精力，甚至会影响身体健康，得不偿失，然而，这种说法也太过片面。

就以牛顿为例，晚年他担任造币厂厂长，然而这并没有妨碍他在凌晨两点半回家后仅用了两个小时就解决了全欧洲仅有五个人做出来的最速降线问题，诚然，他主持的英国反对伪币计划消耗了他大量的时间与精力，但我们不能否认正是这种高强度的工作才使他拥有长达八十五年的寿命和长达五十年的研究生涯。我们又怎能断言谭超不会成为历史学上的牛顿？又怎能说他从事快递行业是在无谓地浪费时间呢？

更何况，个人价值的实现本来就并非单指一个方面。俞伯牙作为大夫政绩不高，可是有谁能否认他的《高山流水》是琴曲一绝呢？陈生放弃与自己专业适合的职业而改卖猪肉，可是谁又能说他的猪肉没有卖出北大的水平？如果说个人价值的实现只能表现在自己所学的专业的话，那么我们是不是应该否认鲁迅弃医从文的做法，让世上少了《呐喊》与《彷徨》？我们是不是要阻止孙中山弃医革命，让中国丢掉三分民主与自由？我们是不是要反对周有光放弃经济学而研究汉语拼音，让汉字的全球化推广再延迟许久？如果不是的话，那我们又有什么理由来批驳一个连自己专业都没有放弃的博士呢？

因此，实现自我价值，又何妨像谭超那样"兼职"？

在这篇文章中，作者在第一自然段中率先亮出第一个错误观点，确定驳斥的第一个靶子——"或许有人会说，谭超学的是历史专业，跟快递这一行业半点关系都没有，还说什么实现人生价值？"紧接着在第二自然中对此观点展开批驳，批驳中直接假定前一观点为真，以此类推，类推中借助"腾子京吟诗作对跟他在朝为官毫无关系；埃尔温·薛定谔出书与他研究量子力学毫无关系；李小龙导演电影跟他练习武术也没有必然关系。"这三个典型事实论证按照前一观点这些"兼职"应该影响到他们的本职工作，然而事实上这些兼职却并未影响到他们的本职工作甚至在自身本职工作领域还取得了重大成就，并得出结论"那么又怎么能因为谭超所从事的快递业与他所学的历史专业无关而断定他无法实现个人价值呢？"

第三自然段中，作者再次亮出要批驳的第二个靶子——"也许有人说，谭超从事快递业，浪费了时间，也消耗了精力，甚至会影响身体健康，得不偿失。"针对这一观点，作者在文中以牛顿晚年主持的英国反对伪币计划消耗了他大量的时间与精力，同时也拥有长达八十五年的寿命和长达五十年的研究生涯为例提出反问："我们又怎能断言谭超不会成为历史学上的牛顿？又怎能说他从事快递行业是在无谓地浪费时间呢？"随后又以"如果说个人价值的实现只能表现在自己所学的专业的话，那么我们是不是应该否认鲁迅弃医从文的做法，让世上少了《呐喊》与《彷徨》？我们是不是要阻止孙中山弃医革命，让中国丢掉三分民主与自由？我们是不是要反对周有光放弃经济学而研究汉语拼音，让汉字的全球化推广再延迟许久？"进行归谬，再次得出结论："如果不是的话，那我们又有什么理由来批驳一个连自己专业都没有放弃的博士呢？"

评论中进行归谬驳斥多直接采用"如果是前者……""如果是后者……"来引出整篇的驳论，然后对观点展开反驳，最终归谬得出自己的结论。因而驳论文多为"驳立结合"，驳是手段，立才是目的。

评论使用归谬法时要注意不能偷换原有观点及其前提条件，若被反驳的观点是一个有条件的判断"如果……有可能……"，说明这个论题适用的范围是有限的，在一定条件下和在一定程度上才成立。若反驳中把对方的条件忽略了，那么反驳所推出的结论必然不是从对方有条件的判断中推出来的，而是从一个已经被绝对化了的论题或者一个全新的论题中跳跃地推出来的。这在逻辑学上叫作转移论题。若驳论中趋向于提出更容易反驳的新论题，在逻辑学上叫作"稻草人谬误"或者"转移论题谬误"，从原本命题转移到了一个不相关的命题上去，等于换了一个靶子。

在网络与自媒体评论写作中，归谬法成为一种讨巧的方法，使人轻易放弃有难度的、正面的反驳，而更乐于采取"一招制胜"的简易方法。尤其是在当下流量冲击应下，评论者们在看到事件中某一个突出的特征后就迅速离开事件本身，转移、扩展到其他事物中的思维习惯和论证方法并不是那么可靠。这种思维习惯不足以让我们对事件本身保持审慎的认知态度，更无法深入本质地去了解事物本身。

3. 反证法

为了证明对方的论点是错误的，可以先证明与其相矛盾的另一论点是正确的，这就是所谓反证法。反证法应用的是逻辑推理中的矛盾律，即在统一思维过程中，互相矛盾着的一组观点，其中一个为真，与其矛盾的另一个必然为假。在评论的实际写作中，反证法有两大类：一为通过证明一方为真，进而证明另一为非；另一为通过证明一为非，而另一为是。

第二十九届中国新闻奖文字评论获奖作品《传达不过夜不如落实不打折》在对社会中存在的"传达不过夜"这种表态积极、落实却不到位的形式主义用反证法进行了驳斥，该作品全文如下：

> **案例**

传达不过夜不如落实不打折

2018年1月17日　《湖北日报》　李思辉

《中国纪检监察》杂志近日刊发文章称，有的领导干部时时把上级精神挂嘴上，表态比谁都早，会议传达不过夜、一开到半夜，但抓落实干劲韧劲不足。明明是担当精神差，慢作为、不作为，却还要装模作样、大搞花拳绣腿。

在百度上搜索关键词"传达不过夜"，有170多万条词条。不仅有传达中央精神不过夜、传达省市精神不过夜，还有传达某县政府精神不过夜、传达某校党委精神不过夜等等。各种"传达不过夜"，不外乎是为了表明对某个会议"高度重视"，对某项工作"高度负责"。及时传达有关精神很有必要，但如果光有风风火火的姿态，没有扎扎实实的行动，不见真真切切的效果，即便"传达会议不过夜，开会开到大半夜"，又有什么用呢？

时下，一些地方的确存在类似问题。有的领导干部对于贯彻党的路线方针政策、上级部门的工作部署安排，胸脯拍得砰砰响、调门也起得很高，但一到具体落实，就大打折扣。有的空有表态没有具体措施，有的工作进展缓慢，长期不见成效，有的只说不做，以会议落实会议、以文件落实文件、以态度落实态度，这些都是特别需要警惕的"四风"新表现。

开会传达，是保证上级精神上下贯通的重要手段，但绝非主要手段，更不是唯一手段。相反，以具体行动扎实贯彻精神、落实部署才是最根本的。中央领导同志一再强调"一分部署，九分落实"，我们都应该想一想，在时间上、精力上、力度上，是不是真正做到了呢？有没有把"一分"与"九分"弄得不协调，甚至本末倒置的情况呢？仅仅满足于"传达不过夜"也并不科学。在传达精神的同时，更有必要进行深入的调查研究，结合本地的实际情况，拿出科学、可操作的办法，让落实更进一步、更细一层，而不是简单地做个传声筒。

言行一致，做多少说多少，是党员干部坚持党性原则的重要体现。"华而不实，怨之所聚也。"十八大以来查处的不收敛、不收手的党员干部尤其是一把手，如黄兴国、周本顺、万庆良、王敏等，都是言行不一、光说不练的典型；甘肃省委原书记王三运经常把牢固树立"四个意识"挂在嘴边，也热衷于表态，然而实际工作中并没有真正抓好落实，以致祁连山生态环境遭到严重破坏。把喊喊口号、表表态、开开会当作"对党忠诚"，是一种自欺欺人。担当才见忠诚、落实才见忠诚、把蓝图变成现实才见忠诚，否则半点忠诚都没有。

栗战书同志曾在《秘书工作》上刊文提到："习近平总书记要求我们干工作要'案无积卷、事不过夜'。总书记自己也是这么做的。"都是"不过夜"，与其注重"开会传达不过夜"的形式，不如践行干实事"事不过夜"的扎实。把自己摆进实干的队伍中，做领飞云天的头雁，带出务实重行、言行合一的队伍，确保落实中央精神不打折。

在这篇报道中，作者通过肯定"以具体行动扎实贯彻精神、落实部署才是最根本的"与"言行一致，做多少说多少，是党员干部坚持党性原则的重要体现"进而去否定"传达不过夜"，论证"传达不过夜只不过是担当精神差，慢作为、不作为，是大搞花拳绣腿的形式主义"。这便是借助肯定一个观点进而去否定另一观点的反证法在新闻评论中的实际应用。这类驳论文在行文的结构安排上往往偏向于在开头提出某一问题或者指出某一社会现象，先将要驳斥的那个观点摆出来，接着通过对与它矛盾的（相反的）观点进行肯定或者否定，在文末对要评论的核心观点进行重申强调。

第三节 谋篇布局的主要方式

新闻评论作为表达观点并且论证观点的文体，其结构是围绕着论点和论证展开的。其评论结构的基本功能，就是有效率地表达论点和论证。它表现为文章中不同议论性因素和事实性因素的各种排列组合关系。

——马少华

新闻评论是表达观点的一种文体，本质上来说，评论的内在结构就是材料与观点之间之间的论证关系。围绕论点如何安排材料？各个部分的材料分别论证观点的哪一部分？各个部分的观点如何围绕核心观点来展开？要解决这些问题涉及新闻评论谋篇布局的方式。常见的新闻评论谋篇布局的方式主要有归纳式、演绎式、并列式、递进式。

一、归纳式

归纳式结构是一种从材料到观点、先分论后结论的结构方式。这种结构方式一般会在文章开篇先展示论述对象，然后引出观点，之后结合论据进行论证，证明论点的合理性。这种结构方式的优点在于符合人们对事物的认识逻辑，简单明了，易于理解，具有较强的说服力。

《新京报》2019年3月27日的《雇挖掘机强行平坟缺少程序正义》就是一篇归纳式结构的新闻评论。

案例

雇挖掘机强行平坟缺少程序正义
2019年3月27日　《新京报》　熊志

据《法制日报》报道，有很多江苏靖江当地民众反映，称江苏泰州市下辖的靖江市斜桥镇民政村村委会，以"响应国家号召"为名，从3月24日开始由村委会雇来大型挖掘机对村民土坟强行推平，有的村在未经人家同意或者不知情的情况下，将在农村深处的全村坟头都强行推平。

殡葬改革的目的正当，替代不了手段的合法合规。涉及几千年的风俗习惯，更得讲究程序正义。

而从报道来看，关于平坟，当地没有盖章的文件，而是采取口头通知的形式，一些村的平坟行动，发生在民众尚未同意甚至完全不知情的前提下。这种掩人耳目的一刀切操作，行政令的合法性存疑，也缺少对民意的足够尊重。到底是涉事村庄自作主张，还是当地政府默许，也让人心存疑问。

在当地流传出来的《致广大市民朋友的一封信》中，为了论证平坟的合理性，强调这是"国家、省、泰州市的统一部署"，但绕开民意强行平坟，明显是对殡葬改革精神的误解。

为了避免手段过激引发矛盾，2012年《殡葬管理条例》进行修订时，专门删除了"拒不改正的，可以强制执行"的条款，违规土葬或者在非墓地范围建造坟墓的，只能由"民政部门责令限期改正"。

去年开始大修的《殡葬管理条例》征求意见稿，第一条立法目的一项再次强调，要"维护逝者尊严和公共利益"。相关法律的升级说明，至少在程序上，既不能无视民众知情权，也不能手段失当。

　　雇挖掘机强行平坟，还号称"响应国家号召"，这既是对既有政策的违背，也是拿政府公信力为粗暴行政手段"垫背"。

　　这篇评论开头第一段交代了评论的由头，对具体的新闻事实进行了概括；在第二自然段提出自己主张的观点，指出殡葬改革虽然目的正当，但也需要合法合规，讲究法律程序；第三自然段到第六自然段对报道中提到的平坟行政令的合法性存疑、平坟事件中民意尊重缺失、误解国家政策、2012年《殡葬管理条例》中有关规定显示强制执行的主体不合法、违背 2018 年大修的《殡葬管理条例》征求意见稿中的立法目的几个方面进行归案，总结出雇挖掘机强行平坟既是违背政策，也是拿政府公信力垫背的行为。

二、演绎式

　　演绎式结构是一种由观点到材料的论证方式，其结构形式与归纳式结构相反。这种论证方式先在文章开篇亮出观点吸引读者，进而用具体材料证明观点的合理性。这里材料不仅具有论据的作用，而且是文章的论述对象，能使读者对材料蕴含的道理理解得更加透彻，论述也更加深刻。这种方式的优势在于与人们日常的说理方式适应，对强调评论的主要观点有较大帮助。

案例

适应新时代需求，让互联网更好地造福人民
2019 年 3 月 21 日　　人民网　　鲁阳

　　帆船向前，离不开罗盘指点迷津。大国远航，靠的是灯塔导引方向。

　　2018 年 3 月，伴随着党和国家机构改革的铿锵步伐，中央网络安全和信息化委员会应运而生。这一旨在加强党中央对网信事业集中统一领导的机构，从一开始就被赋予"贯彻以人民为中心的发展思想，把增进人民福祉作为信息化发展的出发点和落脚点，让人民群众在信息化发展中有更多获得感、幸福感、安全感"的远大使命。网信事业的发展为了谁？习近平总书记多次强调，"网络空间天朗气清、生态良好，符合人民利益"，要"为老百姓提供用得上、用得起、用得好的信息服务，让亿万人民在共享互联网发展成果上有更多获得感"，要"让互联网成为了解群众、贴近群众、为群众排忧解难的新途径，成为发扬人民民主、接受人民监督的新渠道"。在去年召开的全国网络安全和信息化工作会议上，习近平总书记深刻阐释人民性这一网信事业的本

质特征，明确宣示网信事业肩负的历史使命，为深入推进网络强国建设指明了前进方向。

一年来，网信工作因"极不平凡"而被人们铭记："互联网+政务服务"深化发展，通过"数据多跑路"实现"群众少跑腿"；贫困地区网络基础设施"最后一公里"逐步打通，"数字鸿沟"加快弥合；县级融媒体中心建设提上日程，媒体融合发展飞速前进；移动流量资费大幅下降，跨省"漫游"成为历史；电子商务领域首部法律《电子商务法》正式出台，对促进行业持续健康发展具有重大意义……许多标志性事件载入史册，在中央网信委领导下，网信事业实现了新跨越，为改善人民生活、增进民生福祉作出巨大贡献。

一年来的实践充分说明，让亿万人民在共享互联网发展成果上有更多获得感，必须坚决贯彻以人民为中心的发展思想。坚持以人民为中心，是习近平总书记关于网络强国的重要思想的价值底色和根本逻辑。有论者指出，网络空间已经成为人类活动的"第五疆域"。中国互联网络发展状况统计报告显示，截至2018年12月，我国网民规模达8.29亿。网信事业的发展，日益与广大人民群众的切身福祉息息相关。我们强化对网信工作的领导，实施网络强国战略，为的就是不断满足新时代广大人民群众对互联网发展的新期待和新需求，让互联网更好地托举起美好生活。

一年来的实践同样表明，让亿万人民在共享互联网发展成果上有更多获得感，必须牢牢坚持党的领导。以互联网为代表的信息技术是一把双刃剑，没有正确的治网理念、正确的发展战略，互联网就无法真正造福社会、造福人民。网信事业之所以能取得举世瞩目的历史性成就，一个关键原因就在于以习近平同志为核心的党中央高度重视信息化对经济社会发展的重要作用，习近平总书记亲自谋划和部署网络强国建设。党中央的集中统一领导，是关系网信事业发展方向和全局的大事。只有坚持以习近平总书记关于网络强国的重要思想为遵循，坚持以中央网信委各项部署为指针，网信事业才能始终沿着正确方向前进。

有句话说得好，"未来30年属于用好互联网技术的人"。作为人类最伟大的发明之一，互联网在21世纪日益显示出引领社会生产新变革、创造人类生活新空间、拓展国家治理新领域的巨大潜能。网信事业牢牢坚持以人民为中心的发展思想，做到发展依靠人民、发展为了人民、发展成果由人民共享，一定能不断推动网络强国建设取得新的更大进展，为实现中华民族伟大复兴的中国梦作出新的更大贡献。

这篇评论开篇用帆船前行需罗盘引航、大国远航需灯塔引导为引，在阐释"2018年3月，伴随着党和国家机构改革的铿锵步伐，中央网络安全和信息化委员会应运而生"和"习近平总书记多次强调,'网络空间天朗气清、生态良好,符合人民利益',要'为老百姓提供用得上、用得起、用得好的信息服务,让亿万人民在共享互联网发展成果上有更多获得感',要'让互联网成为了解群众、贴近群众、为群众排忧解难的新途径,成为发扬人民民主、接受人民监督的新渠道'"相关事实的基础上提出了本文的主要观点:人民性是网信事业的本质特征。

接下来结合"一年来,在中央网信委领导下,网信事业实现了新跨越,为改善人民生活、增进民生福祉作出巨大贡献"论证了网信事业的人民性体现在造福于民;然后演绎到"一年来的实践充分说明,让亿万人民在共享互联网发展成果上有更多获得感,必须坚决贯彻以人民为中心的发展思想";再深入演绎到"一年来的实践同样表明,让亿万人民在共享互联网发展成果上有更多获得感,必须牢牢坚持党的领导";最后再次重申"网信事业牢牢坚持以人民为中心的发展思想,做到发展依靠人民、发展为了人民、发展成果由人民共享,一定能不断推动网络强国建设取得新的更大进展,为实现中华民族伟大复兴的中国梦作出新的更大贡献"。

三、并列式

并列式结构指各部分之间为并列关系,即围绕中心论点多侧面展开的辐射型结构。这种结构能使围绕论点的各个方面都展现出来,让人在较宽广的领域内对文中的论点有一个全局性认识。文章的每一条线索都是为了证明论点的正确性,从而说服受众接受。一般是先提出总论点,然后排列出几个并列的分论点,从几个方面对总论点加以阐发,每个分论点都能独立论证总论点。

第三十届中国新闻奖二等奖获奖作品《问责不能泛化简单化》就采用了并列式的结构。下面我们结合该文对并列式结构进行分析。

案例

问责不能泛化简单化

2019年4月17日 《中国纪检监察报》 范赓(范耀庚)

问责是政治性、政策性很强的工作,党章和监察法有原则规定,《中国共产党纪律处分条例》《中国共产党问责条例》等有明确具体的规范要求。这些原则规定和要求是做好问责工作的重要法规依据,一定要认真掌握好运用好,绝不可忽视或偏离。

实际工作中,问责不严肃、不规范的情况时有发生。有的简单地把问责当成一种工具,工作推动中的问题、管理上的问题等,不分青红皂白都拿问责来处理,问责成了个别人领导能力和领导方式的遮盖布;有的问责泛化扩大化,凡是不合要求甚至不合领导的意图,随意就问责,以至于有的基层干部多数被问责、反复被问责;有的基层单位为了应付上级的多种问责、多次问责,不管谁的责任、什么责任,班子成员轮流"分担"……凡此种种,都偏离了问责制度安排的初衷,也极大损害了问责工作的严肃性、权威性和影响力,在一定范围造成了干部群众的不解或误解,长期下去、积累起来形成的危害不可小觑。

严肃问责,起码要从两个方面讲。一个是要严格执行党的纪律、规定和国家法规,做到有权必有责、有责要担当、失责必追究,不能含糊;另一个是要依据事实,严格依规依纪、严格程序要求、严格把握政策,不能随意、随性。

不能什么问题都问责处理。问责条例对问责的总体要求和原则作出规定,同时也规定了应当予以问责的六种情形。问责的一个重要原则是实事求是。什么情况该问责、什么情况不用问责,一定要依据事实、依照纪律规定和法规分清楚、把握好。有的问题到不了问责的程度,该提醒的提醒,该教育的教育,该批评的就批评,不能简单地用问责处理、一问了之,伤害同志的感情和积极性。当然,对于严重违纪甚至违法的问题,也不能简单地用通报等问责方式"降格以求",那样做看似"爱护同志""保护同志",实则达不到惩前毖后、治病救人的目的,损害组织的威信和纪律工作的严肃性。

不能谁说问责就问责,想怎么问责就怎么问责。问责条例规定,问责决定应当由党中央或有管理权限的党组织作出。对于采取纪律处分方式问责,明确要按照党章和有关党内法规规定的权限和程序执行。纪检监察机关在履行监督执纪问责职责时,可以听取各方面意见,但不能为其他因素所影响、干扰或左右,更不能因为上级领导或部门要求问责,就不讲程序不依事实简单地"执行"。要严格执行监督执纪工作规则,严格依规依纪依法,严格按程序提出意见、做出处理。

问责最终还要注重效果、达到问责的目的。针对不同问题,从政治、纪法、政策、社会等各方面综合考虑,进行精准问责,真正做到问责一个,教育一片,影响大多数,这样问责才更有意义、更能发挥作用。

这篇评论针对问责中简单化和泛化两方面现象展开评论。文章第一自然段先指出问责是一个政治性、政策性很强的工作,有着诸多原则和规范,要认真掌握好、运用好,绝不可忽视或偏离。接着第二自然段就当前问责工作中存在的简单化和泛化现象进行了分析。第三自然段明确指出问责要严格执行党的纪律、规定和国家法规,做到有权必有责、有责要担当、失责必追究,不能含糊,同时问责要依据事实,严格依规依纪、严格程序要求、严格把握政策,不能随意、随性。然后提出问题不能泛化,"不能什么问题都问责处理",以及问责不能简单化,"不能谁说问责就问责,想怎么问责就怎么问责"。最后强调还要注重效果,从而达到问责的目的。全文关于问责简单化和问责泛化现象的评论分析形成了并列的不分轻重的两部分。该文借助并列式结构,对问责中简单化泛化现象的表现、形成原因和应对之策都进行了有效的分析。全文论证内容丰富,让读者对问责问题的认知更加充分,判断更加合理。

四、递进式

递进式结构各层次之间是不断递进的关系,显示出事理逻辑和人们认识事物的逻辑,引导人们根据问题的前因后果间的内在联系去认识事物。一般是开头摆出论题,提出论点,然后从几个方面摆事实讲道理,一层层讲清论点成立的理由,证明论点。各层次之间的关系基本上是层层深入的关系。

第三十一届中国新闻奖获奖作品《警惕"精致的形式主义"》同样也采用了递进式的结构。

案例

警惕"精致的形式主义"
2020年10月12日　《新华日报》　刘庆传　颜云霞

　　这样一些新闻,让人看了如鲠在喉、不吐不快:抓餐饮浪费,一些店家则推出"称体重点餐"举措、出台"'N'个人只能点'N-2'个菜"的规定;抓农贸市场精细化管理,个别执法人员便拉着直线检查摊位上菜品是否摆放整齐,甚至连鲜带鱼也要一刀剪齐;抓环境卫生,有管理者要求"一平方米内的烟蒂不得多于两个""厕所内的苍蝇不得多于3只",或把地面灰尘扫起来过秤"以克论净"。如此规定,看起来挺严格、挺精细,可稍作探究,有几个不是流于形式摆摆样子?

　　形式主义已经成为人人喊打的过街老鼠,那种"开会摆鲜花、迎宾铺红毯"、一眼就能看出来的形式主义少了,打着"精细管理""绣花功夫"的幌子、跟手机拍照一样用"美颜"功能修饰过的形式主义却多了。习近平总书记强调,要摸清形式主义、官僚主义在不同时期、不同地区、不同部门的不同表现,紧密联系具体实际,既解决老问题,也察觉新问题;既解决显性问题,也解决隐性问题;既解决表层次问题,也解决深层次问题。而"精致的形式主义"就是形式主义的变种,是需要认真解决的新问题。

　　相比于那些典型的形式主义表现,"精致的形式主义"有些新特点:用"美颜"进行精心包装,似乎很"新鲜",乍一看"不违和",但通常"不经看";

往往打着"精细管理""绣花功夫"的幌子，如果不琢磨，还真让人以为是作风细致。应该说，"精致的形式主义"也下了功夫，可功夫却没下在"啃硬骨头"抓落实上，而是下在了搞形式创新、做表面文章、摆"花架子"工程上。说到底，"精致的形式主义"依然是只重形式不重内容、只重过程不重结果、只看表面热闹不看实际效果的典型，是中看不中用的"绣花枕头"。

形式主义由来已久。《资治通鉴》记载了这样一个细节：隋朝大业六年，各蕃部落酋长齐聚洛阳，炀帝杨广命令集市内用丝绸缠树、店铺内必须挂设帷帐、酋长到餐馆吃饭店主必须免费，连卖菜的人也要用龙须席铺地。这种"打肿脸充胖子"的形式主义，连一些酋长都"看不下去"。实际上，即便是在古代，人们对形式主义也深恶痛绝。后周太祖郭威要求奏章照实报来即可，直陈其事最佳，不要讲究辞藻；明太祖朱元璋严令群臣奏折要"许陈实事，不许繁文，若过者罪之"，这都是古人反对形式主义的典型案例。

既然形式主义古已有之且一直不乏反对者，为何到现在还未绝迹？这一方面是因为形式主义具有很强的顽固性，在一些人看来，形式主义闻起来臭却吃起来香，有时还"很好用""很顶用"；另一方面是因为，形式主义往往很"狡猾"，善于"基因重组"，长于"变形变异"，总能根据形势变化及时"换装"，摇身一变，让人一时难以识别。"精致的形式主义"就是用精细化管理和"绣花功夫"等精心"美颜"过的形式主义，因为具有很强的隐秘性和欺骗性，往往更容易迷惑人。

形式主义是党和人民事业的大敌。不管是什么形式主义，我们都要旗帜鲜明地反对。反对形式主义，首先要坚持辩证思维，把必要的形式和形式主义区分开来。内容是形式的根本，形式是内容的表现方式。有些工作讲究仪式感是需要的，但过度讲究仪式感，甚至把形式当成工作的全部，只顾形式而不顾内容，只顾表面热闹而不管效果好坏，这就沦为形式主义。形式主义具有多样性和变异性，对此必须时刻保持清醒头脑、睁大"火眼金睛"。"精致的形式主义"讲究数的精确、形的精美、势的浩大，披着精美的外衣，尤其需要认真防范。形式主义是官僚主义的"孪生子"、弄虚作假的"龙凤胎"，反对各式各样的形式主义，就要反对形形色色的官僚主义和弄虚作假。

一株带刺的毒草，人们容易"识"而远之；一株带毒的鲜花，却容易让人中招上当。显性的形式主义人们一眼就能看穿，隐性的形式主义却常常迷惑人们的眼睛。要看到，形式主义越"美颜"、越"精致"，就越难以识别，浪费的人力物力往往越多，危害性也越大。这提醒我们，对"精致的形式主义"，任何时候都要擦亮眼睛、保持警惕、坚决反对。

这篇评论第一段列举了"精致的形式主义"的种种表现；第二段鲜明地提出论点，

指出"精致的形式主义"依然是只重形式不重内容、只重过程不重结果、只看表面热闹不看实际效果的典型，是中看不中用的"绣花枕头"；然后从精致形式主义的新特点、形式主义历来已久、形式主义久而不灭的原因、形式主义是党和人民事业的大地这几个方面层层深入展开论证。经过这几个方面的论证，评论精准刻画了"精致的形式主义"的新特点，指出"精致的形式主义"讲究数的精确、形的精美、势的浩大，披着精美的外衣，尤其需要认真防范。立足历史视角，作者深入分析了为什么会形成形式主义以及如何反对形式主义。

课后练习

一、名词解释
1. 谋篇
2. 立论型新闻评论
3. 驳论型新闻评论

二、简答题
1. 简要回答新闻评论谋篇布局的基本原则有哪些。
2. 简要回答新闻评论谋篇布局的基本要求有哪些。
3. 简要回答立论型新闻评论的谋篇布局方式有哪些。
4. 简要回答归谬法的新闻评论其谋篇布局特色。

三、分析题
请分析该篇新闻评论的谋篇布局方式与特点。

决不允许"鸡脚杆子上刮油"

1月29日，省委主要领导在省纪委十一届五次全体会议上讲话指出，基层"微腐败"问题不容小视，并痛斥某些人还在"鸡脚杆子上刮油"。

当前，群众身边的腐败问题和不正之风还层出不穷，涉及到村（社区）的案件举报仍有增无减。有的群腐群"蛀"，有的"官"小"胃口"大，甚至对扶贫资金、拆迁补偿款、老龄津贴等下黑手。一些人"鸡脚杆子上刮油""鹭鸶腿上劈精肉"，贪婪至极，可恶至极，影响很坏。

我们纵深推进全面从严治党，既要"打虎"，也要"拍蝇"，决不允许"鸡脚杆子上刮油"，啃食基层群众特别是困难群体的获得感。

党风廉政建设和反腐败斗争事关国家政治安全、事关人心向背、事关兴衰成败，是一场输不起也决不能输的重大政治斗争。民心是最大的政治。如果任由一些"苍蝇"乱飞，群众就会对全面从严治党的效果产生质疑，长此以往就会动摇党的执政根基。防止"堤溃蚁穴，气泄针芒"，必须坚决整治群众身边的腐败和不正之风问题。

要加强落实各项富民惠民政策的跟踪监督；深入整治民生领域突出问题，重点纠治农村"三资"管理、教育医疗、就业创业、食品药品安全、执法司法等领域以及老旧小区改造等方面腐败和不正之风问题；严肃查处贪污侵占、吃拿卡要等违纪违法行为；保持查处涉黑涉恶腐败和"保护伞"的高压态势，决不能让黑恶势力和腐败分子沆瀣一气、祸害百姓。

总之，要斩断伸向群众"奶酪"的各种黑手，让人民群众从正风肃纪反腐中得到更多获得感、幸福感、安全感。

参考文献

[1] 丁法章. 当代新闻评论教程[M]. 5版. 上海：复旦大学出版社，2012.

[2] 马少华. 新闻评论教程[M]. 2版. 北京：高等教育出版社，2012.

[3] 吴庚振. 新闻评论学通论[M]. 保定：河北大学出版社，2001.

[4] 赵振宇. 现代新闻评论[M]. 3版. 武汉：武汉大学出版社，2017.

[5] 郭步陶. 评论作法[M]. 上海：上海申报馆，1935.

[6] 符建湘. 新闻评论[M]. 长沙：湖南大学出版社，2007.

[7] 赵振宇. 重思新闻评论和评论特色教育[M]. 北京：社会科学文献出版社，2022.

[8] 姚洪磊，刘学峰. 优秀网络评论文本解析[M]. 北京：中国传媒大学出版社，2021.

[9] 叶春华. 新闻业务之"核"——新闻分析原理与应用[M]. 上海：上海三联书店，2009.

[10] 刘建明，王泰玄，谷长岭，金羽. 宣传舆论学大辞典[M]. 北京：经济日报出版社，1993.

[11] 华东师范大学哲学系逻辑学教研室. 形式逻辑[M]. 5版. 上海：华东师范大学出版社，2016.

[12] 人民日报评论部. 人民日报社论集（2017.10—2023.03）——十九大以来人民日报社论合集[M]. 北京：人民日报出版社，2023.

[13] 人民日报社论全集[M]. 北京：人民日报出版社，2013.

[14] 米博华. 新闻评论实战教程[M]. 北京：人民日报出版社，2021.

[15] 杨奇光. 新闻评论：融合表达与思维创新[M]. 北京：中国国际广播出版社，2023.